Für alle kleinen und großen Engel

Klaus-Peter Kuhlmey

Eva und ihr Schutzengel

Engelgeschichte für klein und groß

tao.de

© tao.de in J. Kamphausen Mediengruppe GmbH, Bielefeld

1. Auflage (2014)

Autor: Klaus-Peter Kuhlmey
Umschlaggestaltung: tao.de
Umschlagfoto: © fanny76 - Fotolia.com
Innenlayout: Klaus-Peter Kuhlmey

Printed in Germany

Verlag: tao.de in J. Kamphausen Mediengruppe GmbH, Bielefeld,
www.tao.de, eMail: info@tao.de

Bibliografische Information der Deutschen Nationalbibliothek:
Die Deutsche Nationalbibliothek verzeichnet diese Publikation
in der Deutschen Nationalbibliografie; detaillierte bibliografische
Daten sind im Internet über http://dnb.d-nb.de abrufbar.

ISBN Hardcover:	978-3-95529-226-3
ISBN Paperback:	978-3-95529-225-6
ISBN e-Book:	978-3-95529-227-0

Das Werk, einschließlich seiner Teile, ist urheberrechtlich
geschützt.
Jede Verwertung ist ohne Zustimmung des Verlages unzulässig.
Dies gilt insbesondere für die elektronische oder sonstige
Vervielfältigung, Übersetzung, Verbreitung und sonstige
Veröffentlichungen.

Inhaltsverzeichnis

Ein Wort vorab 7

Kapitel 1 – Endlich Ferien 9

Kapitel 2 – Ein neuer Tag 17

Kapitel 3 – Ein fröhlicher Nachmittag 23

Kapitel 4 – Die Neuigkeit 30

Kapitel 5 – Eva ist krank 35

Kapitel 6 – Heilung geschieht 43

Kapitel 7 – Samstagnachmittag 50

Kapitel 8 – Glücksstadt 58

Kapitel 9 – Wohnungssuche 70

Kapitel 10 – Der rosa Strahl 77

Kapitel 11 – Klappt doch 88

Kapitel 12 – Alles geht schnell 93

Kapitel 13 – Unser Haus 101

Kapitel 14 – Jetzt geht`s los 108

Kapitel 15 – Der Umzug 118

Kapitel 16 – Angekommen 125

Ein Wort vorab

Engel sind rätselhafte gute Wesen, die Boten Gottes. Sie begegnen uns als Beschützer, Freunde und Helfer, halten ihre schützenden Hände über uns. Die Engelkraft hilft und stärkt uns. Wir können sie zwar nicht sehen, aber ihre Gegenwart spüren. Sie sind unsere Freunde bei Tag und Nacht. Diese Freundschaft müssen wir pflegen.

Wir alle haben Wünsche, Kinder genau wie Erwachsene.

Wer verschenkt heute noch etwas, und dies auch noch selbstlos? Engel und Engelscharen sind immer für uns da. Wir müssen sie nur rufen. Ein paar werde ich euch zeigen. Wer die Begegnung nicht sucht, kann auch nicht erwarten, dass sie sich uns zeigen, oder helfen.

In die Geschichte der kleinen Eva flechte ich kleine Hilfen ein, damit sich jeder die für ihn passenden Handwerkszeuge aussuchen kann, die ihm am besten gefallen. Ob es sich um Mitwirkung des jeweiligen Erzengel, Wunscherfüllung oder Bestellung beim Universum handelt, das Leben wird für euch um ein Vielfaches einfacher und leichter. Mit ein wenig Übung kommt ihr zum Erfolg. Nutzt diese Anregungen, sie werden euch helfen.

Während ich diese Zeilen für euch schreibe, hilft mir das Göttliche „ICH BIN". Genau jetzt führt mir Erzengel Gabriel mit seinem kristallklaren weißen Licht die Finger auf der Tastatur meines Computers, damit ich euch in die Engelkunde einführen kann. Wir werden alle vom göttlichem Licht durchflutet, und nehmen die hilfreichen Farben der Engel auf. Achtet auf kleine Zeichen. Dies kann beispielsweise eine Feder sein, die nach einem Wunsch von euch auf dem Weg liegt, und die Anwesenheit eines Engels zeigt.

Ich wünsche euch viel Freude mit den Engeln, die bald in eurem Leben einen festen Platz haben werden.

Viel Licht und Liebe auf eurem weiteren Lebensweg.

Kapitel 1 – Endlich Ferien

Eva war glücklich.

Es war ein schöner Tag. Die Sonne schien warm vom Himmel, die Vögel zwitscherten vergnügt. Spatzen in ihrem braunmelierten Gefieder pickten Brotkrumen vom Gehweg. Rotkehlchen sangen munter ihr Lied. Die Insekten summten. Bienen sammelten eifrig Blütenstaub. Die Blätter der Bäume leuchteten in zartem grün. Blumen blühten und dufteten herrlich. Gute Laune lag in der Luft. Man konnte sie förmlich spüren.

Eva hatte heute ihren letzten Schultag vor den Ferien, dann hatte sie die zweite Klasse geschafft. Zu ihrer mit Rosen gemusterten Bermudashorts trug sie ein passendes rotes T-Shirt, dass ihre blonden Haare zur Geltung brachte. Ihre Eltern hatten sich bemüht, sie höflich und freundlich zu erziehen. Sie hatte es ihnen dabei leicht gemacht. Jeder mochte sie gern, obwohl sie auch manche Streiche aushecke. In den Ferien konnte sie ihren neunten Geburtstag feiern.

Ihre Mutter Julia hatte ihr für den heutigen Abschlusstag einen Schokoladenkuchen gebacken. Dieser duftete herrlich. Man schmeckte regelrecht die Rosinen und die Schokolade. In der Frühstückspause stürzten sich die Lehrerinnen und ihre Schützlinge mit Heißhunger auf den Kuchen. Schließlich wussten alle, dass dies der letzte gemeinsame Tag war, und nutzten ihn aus. Heute spielten sie nur und erzählten sich Geschichten.

Gegen Ende des Vormittags wurde es etwas ruhiger. Die Kinder erhielten endlich ihre Zeugnisse, auf die sie schon sehnsüchtig gewartet hatten. Sie lagen in Mappen aus dicker Pappe, die mit dem Stadtwappen verziert waren. Ehrfürchtig nahmen sie ihre Ordner in Empfang. Mädchen bekamen rote, Jungen blaue Aktendeckel. In Lesen, Schreiben und Rechnen hatte Eva jeweils eine eins. Alle anderen Noten waren eine Zwei. Nur in Aufmerksamkeit hatte sie eine Drei bekommen, weil sie ab und an im Unterricht träumte. Eva war stolz auf ihre guten Noten. Als alle Kinder ihre Hefter in Händen hielten, wurde es wieder lauter in der Klasse. Die meisten waren mit ihren Beurteilungen zufrieden, und zeigten sich gegenseitig ihre Zeugnisse.

Die Lehrerinnen waren auch gut gelaunt, weil sie es mit dieser Klasse einfach gehabt hatten. Es waren angenehme Schüler.

Eva sprang freudestrahlend zu ihrer Mutter, die sie von der Schule abholte. Man konnte deutlich sehen, dass sie Mutter und Tochter waren. Beide hatten weizenblondes halblanges Haar und waren sich wie aus dem Gesicht geschnitten. Stolz zeigte Eva ihr Zeugnis. Ihre Mutter lobte sie in den höchsten Tönen, „Jetzt bist du ein großes Mädchen, Fräulein Hoffmann. Nach dem Sommer kommst du in die dritte Klasse. Dein Vater wird sich heute Abend freuen, wenn er dein Zeugnis sieht."

Anschließend schlenderten sie zu Evas Großeltern. Dort fühlte sie sich wohl, weil es immer lustig und vergnügt zuging. Diese wohnten in einem Häuschen mit Garten, der vorn mit Blumen und Kräutern angelegt war. Im hinteren Teil hatten sie Sandkiste und Schaukel aufgebaut, damit Eva sich ordentlich austoben konnte. Hier störte es niemanden, wenn sie lachte und herumtollte, ihrem Temperament freien Lauf ließ. Das war in der Wohnung ihrer Eltern nicht möglich, weil sich sonst die Nachbarn beschwerten. Hier blühte sie auf.

Oma Else war 60 und Opa Horst Schneider 63 Jahre alt. Beide waren früher in Rente gegangen, weil sie noch etwas vom Leben haben wollten. Sie konnten endlich Verreisen wie sie wollten, und hatten mehr Zeit für ihre Enkelin.

Nach einer herzlichen Begrüßung ging es in den Garten. Hier konnte Eva endlich ihr gutes Zeugnis präsentieren.

„Diese hervorragende Leistung muss man auch entsprechend honorieren", sagte Opa Horst und gab ihr einen 20-Euro-Schein. „Aber gib es nicht gleich aus."

„Danke Opa", dabei sie umarmte ihn.

Zur Feier des Tages gab es Evas Lieblingsessen: Spaghetti mit Tomatensoße und Salat, zum Nachtisch Erdbeeren mit Sahne. Sie setzten sich gemütlich auf die Terrasse. Unter viel Gelächter aßen sie. Eva verdrückte jeweils zwei Portionen und war kurz vor dem Platzen.

Der Nachmittag verging wie im Flug. Sie wartete schon sehnsüchtig auf ihren Vater, um ihm endlich ihr gutes Zeugnis zu zeigen. Er war stellvertretender Geschäftsführer in einem Elektronikmarkt. Durch seine verantwortungsvolle Tätigkeit hatte er viel zu tun, und kam oft erst spät von der Arbeit heim.

Endlich war es soweit. Eva lief an das Gartentor und sprang ihm freudig in die Arme. Laut lachend fing er sie auf, und wirbelte sie mehrfach im Kreis.

„Na, meine Kleine. Du bist ja ganz aufgeregt. Ist heute was Besonderes?" Er wusste natürlich, dass es Zeugnisse gegeben hatte. Aber er machte sich einen Spaß daraus, Eva zu necken.

„Aber Papa, heute hat es doch Zeugnisse gegeben! Hast du das vergessen?" Eva war enttäuscht, und ließ ihre Schultern hängen.

„Nun sei doch nicht gleich eingeschnappt. Natürlich weiß ich das. Ich wollte doch nur einen Jux mit dir machen. Zeig mir doch mal das „Giftblatt" - so haben wir früher unsere Zeugnisse genannt."

Eva rannte ins Haus, um ihr „Giftblatt" zu holen. Sie wollte ihrem Vater beweisen, dass es nicht so giftig war. Er folgte ihr, um die Familie zu begrüßen. Dann stand sie mit dem Schulzeugnis in der Hand vor ihm und hielt es hoch.

„Du bist ja schon eine Superschülerin. Ich bin stolz auf dich." Mit diesen Worten gab er ihr eine Tasche, aus der ein Stoffengel herausguckte. Dieser hatte große Flügel und ein dunkelblaues Chiffongewand an. Er war gut dreißig Zentimeter groß und hatte ein freundliches Gesicht.

„Ein Engel für meinen Engel. Er soll immer bei dir sein und dich beschützen. Ihm kannst du alles erzählen und anvertrauen. Wenn du mit ihm sprichst, kannst du ihn bei seinem Namen nennen. Er heißt Michael, wacht über dich und deinen Schlaf, beschützt dich, sorgt für Frieden in deinem Leben. Wenn du heute Abend ins Bett gehst, nimm ihn mit, begrüße ihn Zuhause und rede mit ihm. Erzähle ihm, wie du heißt, wer du bist, welche Sorgen und Nöte dich plagen, ob du froh und glücklich oder traurig bist."

Eva sah ihren Michael an. Sie war begeistert. „Vielen Dank, Papa. Das ist heute mein schönstes Geschenk. Ich bin ja gespannt, was passiert, und ob er auch mit mir spricht."

Für den Abend hatten ihre Großeltern ein kleines Grillfest vorbereitet. Opa hatte den Grill mit Holzkohle und Anzündern vorbereitet. Oma Else bereitete zusammen mit Evas Mutter Kartoffelsalat, Tomatensalat und weitere leckere Sachen vor. Ihr Vater wurde zum „Grillmeister" bestimmt. Dafür bekam er eine große bunte Schürze umgehängt und wurde mit entsprechenden Handschuhen ausgestattet. Sobald die Holzkohle angezündet, und die Glut richtig heiß war, kamen Würstchen und Fleisch auf den Grill. Bald qualmte es. Der Duft von Gebratenem hing in der Luft. Plötzlich kam es zu einer Stichflamme. Evas Vater Hans konnte gerade noch seinen Kopf wegdrehen. Die Flamme schoss daran vorbei und fiel wieder in sich zusammen. Der Zwischenfall verlief noch einmal glimpflich. „Siehst du, Eva, gerade war mein Schutzengel da, und hat auf mich aufgepasst. Das hätte sonst schlimm ausgehen können. Da siehst du, wie wichtig es ist, an seine Engel zu glauben. Du kannst gleich heute Abend Michael bitten, dass er dich auch so gut beschützt."

Es wurde ein schöner und lustiger Abend. Die Familie machte sich mit Heißhunger über das Essen her. Dabei wurde viel erzählt und gelacht.

Die Geschichte, die ihrem Vater beim Grillen passiert war, ließ Eva nicht mehr los, „Vati, erzähle mir noch etwas über Engel. Das vorhin war ja wirklich ganz unheimlich. Du hast wohl immer einen Schutzengel, der auf dich aufpasst?"

„Ja, Eva. Sobald wir Ruhe und Zeit haben, erzähle ich dir mehr. Heute ist es schon spät."

Eva quengelte zwar noch ein bisschen, aber Hans ließ sich nicht erweichen.

Nachdem sie aufgeräumt hatten, machten sich Eva und ihre Eltern auf den Heimweg. Sie wohnten in der Nähe und brauchten zu Fuß nur fünf Minuten. Dies war ein glücklicher Umstand, denn Eva konnte schnell zu den Großeltern gebracht werden, wenn ihre Mutter etwas zu erledigen hatte. Zuhause angekommen wurde Eva noch schnell geduscht und ins Bett gebracht. Sie war todmüde und wollte nach dem aufregenden Tag nur noch schlafen. Auf ihrem Kopfkissen lag schon Michael. Es sah aus, als wenn er schon auf sie gewartet hätte. Plötzlich war sie nicht mehr müde und wollte sich ihm noch vorstellen. Eva hatte nicht vergessen, was ihr Vater gesagt hatte. Sie legte sich auf die Seite, um ihn anzuschauen, und mit ihm zu sprechen.

„Lieber Michael. Ich heiße Eva Hoffmann und bin acht Jahre alt. Heute habe ich mein zweites Schuljahr mit einem tollen Zeugnis beendet. Meine Mama heißt Julia, mein Papa Hans. Dann sind da noch Oma Else und Opa Horst. Die hast du vorhin auch gesehen. Wie du das beim Grillen mit meinem Vater gemacht hast, war ganz toll. Vielen Dank. Es wäre schlimm gewesen, wenn Papa sich verbrannt hätte. Ich würde mich freuen, wenn du auf uns aufpassen würdest. Vielleicht kannst du dafür sorgen, dass ich in den Ferien Spielkameraden habe, oder bald ein Geschwisterchen bekomme. Ein Hund oder eine Katze wäre auch nicht schlecht. Das wäre wunderbar. Ich bin jetzt müde. Morgen erzähle ich dir mehr. Du bleibst ja jetzt immer bei mir. Das finde ich schön. Dann bin ich nicht so alleine. Ich wünsche ich dir eine gute Nacht. Schlaf gut."

Mit diesem Gedanken schlief sie ein, und merkte nicht, wie ein dunkelblaues Licht aufstieg. Ihr neuer Freund und Begleiter, Erzengel Michael, hatte sie angenommen.

Kapitel 2 – Ein neuer Tag

Eva wachte um acht Uhr auf, und meinte, sie hätte verschlafen. Aber dann fiel ihr ein, dass Sommerferien waren. Sie drehte sich um, und sah Michael auf ihrem Kopfkissen liegen.

Hatte sie alles nur geträumt, den letzten Schultag, die schöne Feier bei Oma und Opa mit dem Malheur ihres Vaters beim Grillen? Das Eingreifen seines Schutzengels? Nein, alles war genauso gewesen. Es war doch niemand da, als sie ins Bett gegangen war. Trotzdem hatte sie es noch genau im Ohr.

„Eva", hatte diese Stimme gesagt, „du brauchst dir keine Sorgen und Gedanken mehr zu machen. Immer wenn du mich rufst oder brauchst, bin ich bei dir." Dabei hatte sie ein warmes Gefühl gehabt.

Sie kam mit dieser Empfindung ganz und gar nicht zurecht. Ihre Eltern mussten ihr unbedingt erklären, was hier vorgegangen war. Schon sprang sie aus dem Bett und eilte Richtung Küche. Ihre Mutter war auf dem Balkon und machte Turnübungen.

„Was machst du da?", fragte Eva.

„Wenn schönes Wetter ist, und ich Zeit habe, mache ich den Sonnengruß. Damit begrüße ich den Tag, habe anschließend gute Laune und alles geht mir leichter von der Hand", gab ihre Mutter lächelnd zurück, und strich ihr über die Haare.

„Du siehst aus, als wärst du ganz durcheinander. Hast du schlecht geträumt?"

„Ich weiß auch nicht so genau. Als ich aufgewacht bin, hatte ich so ein seltsames Gefühl, wie wenn jemand mit mir gesprochen hätte. Mir war ganz warm. Michael lag neben mir auf dem Kopfkissen. Bevor ich gestern Abend eingeschlafen bin, habe ich mich ihm vorgestellt. Genau, wie es mir Papa gesagt hat. Er wollte mir, wenn er Zeit hat, etwas mehr von Engeln erzählen. Aber jetzt ist er schon auf der Arbeit. Kannst du mir das nicht auch erklären?"

„Pass auf, wenn wir zwei gefrühstückt haben, machen wir es uns gemütlich, und sprechen darüber."

Sie setzten sich in die Essecke ihrer Küche. Es war hier wirklich sehr gemütlich. Alles passte zusammen. Die Vorhänge hatten fast das gleiche Muster wie die mit Stoff überzogenen Sitzflächen und Rückenlehnen der Essecke. Die Wände waren in hellem Pfirsich gestrichen. Die Einbauküche passte farblich genau dazu. Es war richtig heimelig.

So schnell hatte Eva noch nie gefrühstückt. Sie schaufelte die Cornflakes in sich hinein. Es folgten noch zwei Scheiben Toast mit selbstgemachter Erdbeerkonfitüre. Dazu trank Eva einen Becher Kakao. Als sie fertig war, sprang sie auf, lief ins Bad, um sich noch schnell das Gesicht zu waschen, und die Zähne zu putzen.

In der Zeit, wo Eva sich gewaschen und angezogen hatte, räumte ihre Mutter die Küche auf. Anschließend setzte sie sich auf das Sofa und hörte dezente Entspannungsmusik. Eva gefiel diese Musik. Sie war so leise und sanft. Schnell setzte sie sich, mit ihrem Stoffengel im Arm, auf die Couch, und schaute erwartungsvoll.

„So, meine Kleine. Jetzt werde ich dir was über Engel erzählen. Habt ihr in der Schule schon etwas darüber gehört?"

Eva verneinte dies. Sie war gespannt, was ihre Mutter wohl erzählen würde.

„Schau doch mal zum Fenster raus. Was siehst du da?"

„Den Himmel, die Sonne und Wolken", kam die sofortige Antwort.

„Das hast du gut beobachtet. Aber hinter deinen Betrachtungen steckt noch viel mehr. Und das erzähle ich dir jetzt. Wir wollen unsere Geschichte im Himmel beginnen. Der liebe Gott ist unser Schöpfer. Er hat Himmel und Erde erschaffen. Die Engel haben ihm bei seiner Arbeit geholfen. Das bedeutet, dass sie noch vor uns auf der Erde waren. Bei den Engeln, die wir auch Boten zwischen Himmel und Erde nennen, müssen wir zwischen drei verschiedenen Arten unterscheiden. Es gibt Erzengel, Schutzengel und die vielen kleinen Engel. Alle haben bestimmte Aufgaben zu erledigen, die uns zu Glück, Erfolg und Wohlstand verhelfen. Lass uns zuerst von den kleinen Engelchen sprechen. Von ihnen gibt es eine so große Anzahl, dass jeder von uns sich so viele rufen kann, wie er will. Sie haben kleine Flügel, die wie Schwanenflügel aussehen. Außerdem sind sie verspielt wie kleine Kinder und tollen gern herum. Und weil jeder viele Engel haben kann, sind sie zusammen auch stärker, und können besser helfen oder trösten. Sie nehmen ihre Aufgaben sehr ernst. Tag und Nacht kann man mit ihnen sprechen, oder um Hilfe bitten. Der liebe Gott und die Engel wissen ganz genau, was wir brauchen oder wollen. Aber ohne unsere Gebete greifen sie nicht in unser Leben ein. Wir müssen ihnen die Genehmigung geben, dass sie unsere Angelegenheiten in die Hand nehmen oder regeln können. Kein Wunsch oder Anliegen ist für sie zu klein oder zu groß. Wir können um alles Gute bitten. Die Engel haben immer Zeit für uns und stellen uns ihre gesamte Kraft und Energie zur Verfügung. Du musst keine Angst haben, dass sie dich im Stich lassen, weil du dir zu viel wünschst, oder zu oft. Es ist ihre Aufgabe, den Menschen zu helfen. Und sie machen es gern. Sie bringen Frieden und Freude auf die Erde."

„Wie kann ich denn mit ihnen sprechen, oder ihnen meine Wünsche sagen?"

„Hierfür gibt es viele Möglichkeiten. Diese werde ich dir demnächst erzählen. Jetzt habe ich dir schon einiges von Engel erklärt. Gehe doch mit Michael in dein Zimmer, und denke noch mal über das nach, was ich dir berichtet habe. Wenn du dann noch Fragen dazu hast, reden wir später drüber."

„Und woher weißt du das alles?"

„Das war eine ernste Sache, weshalb wir uns mit Engeln beschäftigt haben. Das erzähle ich dir ein andermal. Ich mache jetzt Essen, und danach gehen wir zu Oma und Opa."

Eva ging mit Michael im Arm nachdenklich in ihr Zimmer. So ganz konnte sie das alles noch nicht verstehen. Woher kam dieses warme Gefühl oder das blaue Licht, als sie mit Michael sprach? Allein fand sie hierfür keine Antworten. Da musste sie ihre Mutter noch mal befragen. Vielleicht konnte auch ihr Vater helfen. Er hatte schließlich versprochen, mit ihr über die Engel zu reden. Es ging bei den Engeln um etwas Ungewöhnliches und Wichtiges, das in ihr Leben getreten war.

Kapitel 3 – Ein fröhlicher Nachmittag

Eva deckte den Mittagstisch. Es machte ihr Spaß bei kleinen Aufgaben im Haushalt mitzuhelfen. Es gab es eine große Schüssel mit Salat und Putenstreifen. Dazu aufgebackenes Baguette mit Kräuterbutter. Ihre Mutter hatte als Nachtisch Schokoladenpudding mit Erdbeeren und Schlagsahne gemacht. Eva aß mit Heißhunger.

Sie umarmte ihre Mutter und lachte, „Mama, das hat gut geschmeckt. Papa würde sagen, diese Küche kann man weiter empfehlen."

Weil jetzt Ferien waren, konnten sie sich noch ein wenig ausruhen. „Nur ein Viertelstündchen", pflegten ihre Eltern zu sagen, wenn sie es sich am Wochenende auf dem Sofa gemütlich machten. Es war eine schnuckelige Couch mit ganz vielen Kissen. Man versank richtig darin. Weil es so bequem war, fiel es einem dann schwer wieder aufzustehen.

Nach der Mittagspause packten sie ihre Sachen zusammen, um zu den Großeltern zu gehen. Eva hatte einen Bastkorb, in dem bisher ihre Puppen waren. Dieser wurde ganz schnell ausgeräumt, um Michael hineinzulegen. Sie hatte sogar ein passendes hellblaues Kissen. Ihre Mutter verstaute auch noch einige Sachen, die Eva aber nicht gesehen hatte.

Sie hakten sich unter, und gingen leise vor sich hin singend zu den Großeltern. Dort wurden sie schon erwartet.

„Na, ihr Zwei, kommt ihr auch endlich. Habt wohl noch ein kleines Schläfchen gehalten? Wir haben doch noch eine Überraschung für Eva."

„Eine Überraschung?" Eva war ganz aufgeregt. Ihre Großeltern machten es spannend und ließen sie noch ein bisschen zappeln.

„Schau doch mal im Garten nach. Mal sehen, ob du es findest", rief ihr Opa Horst zu.

Eva sprang in den Garten. Aber außer einer grauen Plane sah sie nichts neues Aufregendes. „Wo ist denn die Überraschung? Ich sehe nichts". Sie war enttäuscht. „Oder habt ihr was unter der Plane versteckt?"

„Schau doch einfach nach", schmunzelten Oma und Opa.

Eva wollte die Plane wegzuziehen. Aber es war nicht einfach. Sie zog und zerrte, bis sie es endlich geschafft hatte. Zum Vorschein kam ein

Planschbecken. Es war bis unter den Rand mit Wasser gefüllt. Eva hielt ihre Hände ins Wasser. Die Sonne hatte es schon gut angewärmt.

Ganz aufgeregt lief sie zu ihren Großeltern. „Das ist wirklich für mich? Jetzt habe ich mein eigenes Schwimmbad."

Sie strahlte und umarmte die beiden. „Vielen Dank. Die Überraschung ist euch gelungen." Man sah ihr an, wie glücklich sie war. „Ich habe doch gar keinen Badeanzug mit. Kann ich trotzdem ins Wasser?"

Jetzt schmunzelte ihre Mutter, „Was meinst du, was ich hier in meiner Tasche habe?" Sie hielt ihr den Badeanzug hin. „Wenn du umgezogen bist, habe ich noch eine weitere Überraschung für dich."

Eva war sprachlos vor Glück. Sie lief so schnell sie konnte ins Haus, um sich umzuziehen. So eilig hatte sie es schon lange nicht mehr. Als sie wieder zurückkam, hatte sie ihren Korb mit Michael in der Hand.

„Da seid ihr ja. Ich habe auch ein Geschenk für dich. Du wirst dich ja sicher gewundert haben, dass ich meine große Tasche mitgenommen habe", lächelte sie Eva an. Um sie noch ein wenig zappeln zu lassen, nahm sie ein Päckchen in die Hand, und versteckte es hinter ihrem Rücken. „Linke oder rechte Hand?"

„Linke", antwortete Eva ganz aufgeregt. Natürlich hatte die Mutter das Päckchen in die rechte Hand genommen. Eva kannte dies Spiel schon zur Genüge.

„Fast richtig geraten. Aber ich will dich nicht länger auf die Folter spannen."

Eilig riss Eva es auf. „Was ist denn das?" Sie bog das Päckchen vorsichtig hin und her.

„Pack es aus, dann können wir es aufpusten", schmunzelte sie.

„Oh, ein Delfin!", jubelte Eva. „Den kann ich mit ins Planschbecken nehmen und schwimmen lassen." Sie packte noch einen Wasserball und ein Schiff zum Aufblasen aus. Jetzt konnte der Badespaß losgehen. Eva war so glücklich wie schon lange nicht mehr. Ihre Augen strahlten. „Danke Mama, so schöne Geschenke. Ich weiß gar nicht, was ich sagen soll."

Ihre Mutter freute sich über die gelungene Überraschung. „Tobe und plansche eine Weile, dann erzähle ich dir noch weitere Geschichten".

Eva war so in ihrem Element, dass sie gar nicht hörte, was ihre Mutter sagte. Nach einer Weile war sie müde und sah nur ihrem Spielzeug im Wasser zu, dass der sachte Wind hin und her wehte.

Dies war die Gelegenheit Eva weitere Ereignisse zu erzählen. „Weißt du, dass es außer den Engeln mit ihren Flügelchen auch noch andere Engel gibt, wie etwa fremde Menschen, die einem in der Not helfen, oder auch Tiere. Hier sind Delfine gute Beschützer. Sie haben Menschen schon oft vor dem Ertrinken gerettet. Genauso sind Vögel oder Schmetterlinge Boten des Himmels. Man muss nur genau aufpassen und seine Umwelt beobachten."

Eva staunte. Sie konnte es kaum glauben, was ihre Mutter da erzählte. Tiere können auch Engel sein?

„Ja, zu Tier-Engeln gibt es viele Geschichten. Ich habe dir doch den Delfin geschenkt. Es war natürlich ein echter Delfin, um den es hier geht. Mitten auf dem Meer kam ein Segelschiff in Seenot und ist im Sturm zerbrochen. Der Segler hatte zum Glück eine Schwimmweste an, wusste aber wegen des starken Windes nicht, wohin er trieb. Er sah kein Land mehr. Da tauchte ein Delfin auf. Der Segler wurde trotz des Unglücks ganz ruhig. Der Delfin schwamm so dicht an den Schiffbrüchigen, dass er sich an seine große Flosse hängen konnte. Sacht aber bestimmt zog er ihn Richtung Land. Als der Segler den Strand sah, war er glücklich. Der Delfin stieß seine für ihn typischen Laute aus. Der Gerettete streichelte noch mal seinen Schutzengel und bedankte sich bei ihm für die Rettung. Mit einem Sprung aus dem Wasser

verabschiedete dieser sich. So wurde der Delfin sein
rettender Engel. Oder nehmen wir die Geschichte mit
der Katze. Du kennst doch die Frau Johannsen. Bevor
sie bei uns eingezogen ist, hat sie in einem eigenen
Haus gewohnt. Eines Nachts, als sie schon fest
geschlafen hatte, wurde sie plötzlich von ihrer Katze
geweckt. Sie war auf ihr Bett gesprungen, und hatte
laut miaut. Hiervon ist Frau Johannsen aufgewacht.
Das Schlafzimmer war schon voller Rauch. Durch
einen Kurzschluss war ein Brand entstanden. Sie griff
nach der Katze, nahm diese auf den Arm, und
flüchtete ins Freie. So hat ihr die Katze das Leben
gerettet. Du siehst, auch Tiere können dir in
Notsituationen helfen. Wenn du dir etwas wünschst,
achte auf Zeichen. Dies sind zum Beispiel Federn, die
du findest. Dann weißt du, dass dein Wunsch von
deinen Engeln bearbeitet wird. Er muss nicht sofort
erfüllt werden, es kann auch eine Weile dauern."

Nach so vielen Geschichten und Neuem ließ sich Eva
nicht mehr aufhalten. Ihr Swimmingpool wartete auf
sie. Bei dieser Hitze war eine Abkühlung im Wasser
das Angenehmste. Es machte ihr so viel Freude, dass
sie bald übermütig wurde. Mit ihrem Ball versuchte
sie, das Schiff zu versenken. Dies gelang ihr natürlich
nicht. Sie sprang auf, und wollte es unter Wasser
drücken. Hierbei rutschte sie aus, und fiel mit dem
Gesicht voraus ins Becken. Der Sturz wurde vom
Delfin abgebremst. Eva hatte Glück. Ihr Kopf kam

dadurch nicht unter Wasser. Der Delfin war ihr Retter. Eva war so erstaunt, dass ihr nichts passiert war. Schlagartig erinnerte sie sich an das, was ihre Mutter vorhin erzählt hatte. Sie war zwar nicht im Meer, aber es hätte trotzdem unerfreulich ausgehen können. Sie sprang aus dem Planschbecken, um ihrer Mutter von dem Erlebnis zu erzählen.

Ganz aufgeregt lief sie zu ihr, „Mami, stell dir vor, was mir gerade passiert ist. Ich bin beim Spielen ausgerutscht, und kopfüber ins Wasser gefallen. Doch der Delfin hat auf mich aufgepasst. Hätte er den Sturz nicht abgebremst, wäre mein Kopf untergegangen. So bin ich nur erschrocken. Du hattest recht mit Tieren als Schutzengel. Heute Abend nehme ich ihn auch noch mit ins Bett. Dann habe ich schon zwei Engel." Sie war überglücklich.

„Jetzt machst du besser eine Pause mit deiner Toberei. Du musst noch was trinken, und den Kuchen von Oma essen. Dann wird es langsam Zeit für uns, nach Hause zu gehen. Papa wird dann auch von der Arbeit kommen."

So ging ein schöner Nachmittag zu Ende.

Eva hatte neue Erkenntnisse von den Schutzengeln.

Kapitel 4 – Die Neuigkeit

Kaum waren Eva und ihre Mutter Zuhause, ging auch schon die Wohnungstür auf. Ihr Vater kam von der Arbeit. „Na, Mädels, wie war euer Tag?"

Eva sprang an ihrem Vater hoch und umarmte ihn. „Heute war ein ganz toller Tag. Oma und Opa haben mir einen Swimmingpool gekauft, und Mama hat mir Spielsachen dafür geschenkt. Ich konnte planschen, und hatte dabei ein ganz wundervolles Erlebnis", sprudelte es nur so aus ihr heraus.

Ihr Vater musste schmunzeln. Er wusste natürlich vom Pool und den Schwimmsachen, war schließlich beim Kauf dabei gewesen.

„Ist uns die Überraschung gelungen? Wir hoffen, dass dir alles gut gefällt, und du viel Spaß damit hast. Es sollte ein Geschenk für dich sein, weil du in der Schule so fleißig gelernt hast. Aber jetzt essen wir erstmal Abendbrot. Danach muss ich euch noch erzählen, was bei uns im Geschäft los war. Viel Trubel. Aber davon später", äußerte er sich etwas geheimnisvoll.

Ihre Mutter hatte inzwischen das Abendessen gerichtet. Es gab selbst gebackenes Brot, dazu frischen Quark und Gurkensalat. Wurst und Käse lagen auf einer Platte. Die Drei hatten Hunger und aßen mit gewaltigem Appetit. Sie schwatzten beim Essen munter drauflos, und lachten viel.

Nach dem Essen machten sie es sich auf dem Balkon gemütlich. Eva durfte wegen der Ferien länger aufbleiben. Nachdem Julia sie mit Getränken versorgt hatte, konnte Hans endlich die Neuigkeiten erzählen. „Bei uns war heute die Controlling-Abteilung von der Hauptstelle. Das war vielleicht ein Durcheinander. Die Kollegen rannten umher, um den Prüfern alles zu zeigen. Sogar mein Chef war nervös. Er wusste auch nicht, dass unsere Filiale überprüft werden sollte. Zum Glück haben sie nur ein paar Kleinigkeiten gefunden. Es war im Großen und Ganzen alles zufriedenstellend."

„Nachdem wir jetzt mit der Prüfung fertig sind, haben wir noch ein Anliegen. Wir haben vor, im September im einhundert Kilometer entfernten Glücksstadt eine Filiale zu eröffnen. Die Räume sind schon angemietet, und werden umgebaut. Wir suchen nur noch einen Filialleiter für dieses Geschäft", meinte der Chef der Controlling-Abteilung. „Wir haben dabei an Sie gedacht, Herr Hoffmann. Ihre Leistungen sind einwandfrei, hat uns ihr Chef berichtet."

„Was? Ich …?", mir blieb fast die Luft weg.

„Machen Sie sich mit dem Gedanken vertraut. Wenn Sie unserem Angebot zustimmen, erhalten Sie für ihre Umzugsbemühungen zwei Wochen bezahlten Sonderurlaub. Außerdem ist das natürlich auch mit einer Gehaltsaufbesserung verbunden. Überlegen Sie es sich gut."

Ich war ganz überrascht, und habe fast keinen Ton herausgebracht.

Mein Chef war auch sprachlos. „Mensch Hans, das ist deine Chance. Nutze sie."

„Jetzt wisst ihr, was im Geschäft los war, und warum ich früher nach Hause gekommen bin", beendete Hans seinen Vortrag. Anfangs hatten Eva und ihre Mutter noch schmunzeln müssen, wie sie hörten, dass alle im Geschäft wegen der Kontrolle hektisch herumrannten. Im Laufe der Zeit wurden sie stiller und mussten das Gehörte verdauen.

Eva war die Erste, die ihre Sprache wiederfand, „Papa, das geht doch nicht. Wir können doch hier nicht weggehen. Was wird dann aus Oma und Opa? Und aus meinem Swimmingpool? Wir haben doch hier unsere Wohnung. Und meine Freunde. Außerdem komme ich doch in die nächste Klasse." Sie war entrüstet über den Gedanken, umziehen zu müssen.

„Ach, Eva, was meinst du, was ich mir schon für Gedanken gemacht habe. Ich weiß auch nicht, wie es weitergeht. Noch ist nichts entschieden. Wir müssen ausführlich über alles nachdenken. Wenn sich jeder von uns seine Gedanken gemacht hat, halten wir „Kriegsrat", wie die Indianer. Wir werden schon eine Lösung finden. Für mich ist es eine große Chance. Außerdem wäre ich mein eigener Chef und würde mehr Geld verdienen. Wir haben Zeit zum Überlegen. Jetzt gehen wir erst mal ins Bett, und überschlafen alles."

Nachdem Eva sich gewaschen und die Zähne geputzt hatte, ging sie nachdenklich ins Bett. Irgendwie hatte dieser tolle Tag keinen schönen Abschluss genommen. Sie war traurig, wenn sie an die Folgen des Umzuges dachte. Es war hier doch alles schön und in bester Ordnung. Warum sollte dies geändert werden? War das nötig?

Ihre Mutter kam zu ihr, um ihr eine gute Nacht zu wünschen. „Nimm es dir nicht zu herzen. Noch ist nichts entschieden. Wir müssen uns über alles Gedanken machen. Außerdem sind wir dort nicht aus der Welt. Mit dem Zug dauert die Fahrt nur etwas länger als eine Stunde. Am Wochenende können wir mit dem Auto fahren. Also, du siehst, es ist gar nicht so schlimm. Beschlossen haben wir noch nichts. Schlaf gut mit deinem Michael. Vati kommt auch

noch, um dir dein Gutenachtküsschen zu geben.
Vielleicht hilft dir auch ein Gebet. Sprich zum lieben
Gott und den Engeln. Vielleicht sagen sie dir, was am
besten ist, oder wie es weitergeht."

Einige Minuten später kam ihr Vater, um ihr gute
Nacht zu sagen. „Kleines, zieh nicht so ein Gesicht.
Wie sagen wir immer: Nichts wird so heiß gegessen,
wie es gekocht wird. Du musst es mal von beiden
Seiten betrachten. Oma und Opa können uns
besuchen. In den Ferien kannst du so oft und lange bei
ihnen bleiben, wie du willst. Wenn wir umziehen
sollten, würdest du dort auch gleich in die richtige
Schulklasse kommen, und bestimmt neue Freunde
finden. Meine Situation als Chef mit höherem
Verdienst ist auch nicht schlecht. Wir können uns
dann viel mehr leisten. Vielleicht sogar ein Haus
anschaffen. Aber jetzt mache dir nicht so viel
Gedanken. Schlaft gut, ihr beiden."

Er gab ihr einen Gutenachtkuss und umarmte sie.

Eva nahm ihren Michael in den Arm. Sie wollte ihm
eigentlich noch ganz viel erzählen, und für den
schönen Tag danken, obwohl der Abend anders
ausgegangen war, wie sie es sich gewünscht hatte.
Aber zu mehr als ein „Gute Nacht" kam sie nicht. Sie
schlief sofort ein.

Kapitel 5 – Eva ist krank

Am nächsten Morgen schlief Eva länger wie gewöhnlich. Obwohl ihre Mutter schon mehrfach ins Zimmer geschaut hatte, rührte sie sich nicht. Julia ließ sie weiter schlafen. Es waren ja Ferien.

Als Eva endlich wach wurde, war ihr gar nicht gut. Sie wollte nicht aufstehen, quälte sich langsam aus dem Bett, zog ihre Hausschuhe an, und schlich kraftlos in die Küche.

„Kind, wie siehst du denn aus? Was ist mit dir?"

„Mama, mir geht es gar nicht gut. Mir tut der Hals weh. In meinem Kopf summen ganz viele Bienen. Außerdem ist mir schwindelig", murmelte Eva.

„Ich glaube, du hast dich gestern beim Baden verkühlt. Du warst zu lange im Wasser und hast danach keine trockenen Sachen angezogen. Da habe ich auch nicht aufgepasst. Aber dir hat es so viel Spaß gemacht, dass wir alle nicht darauf geachtet haben. Und jetzt hast du eine Erkältung. Das müssen wir ganz schnell wieder in den Griff bekommen. Du hast schließlich Ferien. Da darfst du doch nicht krank sein. Vor allem sollst du dich doch austoben, und dein Schwimmbecken genießen. Heute und morgen wirst du wohl aufs Baden verzichten müssen", antwortete ihre Mutter besorgt.

„Zum Frühstück mache ich dir erstmal heiße Milch mit Honig, damit deine Halsschmerzen wieder vergehen, und dein Fieber zurückgeht. Wenn du sonst keinen Hunger hast, bekommst du heute viel heißen Tee und frisches Obst. Vitamine sind jetzt wichtig. Nach dem Frühstück legst du dich wieder ins Bett oder auf die Couch im Wohnzimmer. Ganz wie es dir gefällt."

Eva nickte nur zu allem. Sie fühlte sich nicht wohl. Hunger und Durst hatte sie nicht, wollte sich nur wieder hinlegen. Die heiße Milch, die ihre Mutter inzwischen gemacht hatte, trank sie langsam aus. Beim Essen streikte sie. Sie brachte keinen Bissen runter.

Julia hatte zwischenzeitlich die Couch hergerichtet, damit Eva sich schnell wieder hinlegen konnte. Kaum lag sie, war sie auch schon wieder eingeschlafen.

„Schlaf nur", flüsterte die Mutter. „Das ist die beste Medizin."

Als Eva gegen Mittag erwachte, duftete es köstlich aus der Küche. Ihre Mutter hatte eine Hühnersuppe gekocht. Diese war nicht nur für Erkältung, sondern auch für die Seele gut. Sie vermutete nämlich, dass

Eva nicht nur wegen der nassen Sachen einen Schnupfen, sondern auch wegen des abendlichen Gespräches bedrückt war. Ein Umzug wäre schrecklich für sie. Ihre geliebten Großeltern und alles andere zurückzulassen. Keine Freunde, eine neue Umgebung. Der Garten von Oma und Opa, und jetzt auch noch das tolle Schwimmbecken. Das war schon schwer.

Eva war noch benommen, und wollte eigentlich nichts essen. Aber der Duft der Suppe regte dann doch ihren Appetit an. Erst aß sie nur einen kleinen Teller von der heißen, schmackhaften Suppe. Doch beim Essen kam der Hunger. Tapfer löffelte sie noch einen halben Teller leer.

„Jetzt bin ich aber satt. Deine Suppe ist wirklich ein gutes Heilmittel. Ich fühle mich schon viel besser."

„Na, vielleicht passt noch ein kleiner Nachtisch in deinen Bauch? Ich habe dir extra eine Rhabarbergrütze gekocht. Aber wenn nichts mehr reingeht, kannst du sie auch heute Abend noch essen."

Eva ließ sich nicht lange nötigen, „aber nur eine kleine Portion, mehr schaffe ich nicht." Mit Vergnügen aß sie ein wenig Nachtisch.

„Jetzt kann ich aber wirklich nicht mehr. Ich bin müde, muss mich wieder hinlegen, und noch ein wenig schlafen. Dann bin ich bestimmt wieder ganz gesund."

Mit diesen Worten legte sie sich hin, und schlief sofort ein.

Ihre Mutter lächelte. Bald würde Eva wieder gesund sein. Sie rief Hans im Geschäft an, um ihm von ihrer Tochter zu berichten. Er wollte sehen, dass er heute nicht so spät heimkommt, damit er sich auch um Eva kümmern konnte. Das Gespräch vom Vorabend schien ihr doch mehr zu schaffen gemacht zu haben, als sie zugeben wollte.

Eva schlief noch, als er nach Hause kam. So konnten sie sich in Ruhe über einen eventuellen Umzug unterhalten, ohne dass Eva dies mitbekam. Sie mussten berufliche und private Interessen abwägen. So eine Chance sich beruflich zu verbessern kam so schnell nicht wieder. Hans hatte schon lange auf seinen beruflichen Aufstieg hingearbeitet. Diese Beförderung war ihm wichtig. Natürlich hatten beide nicht mit einer Versetzung in eine andere Stadt gerechnet. Am Ende der Unterhaltung kamen sie zu dem Ergebnis, dass Hans das Angebot annehmen sollte. Diesen Entschluss mussten sie Eva schonend beibringen, wenn es ihr besser ging.

Sie hatten kaum ihr Gespräch beendet, als Eva erwachte.

„Papa, du bist ja schon da? Ist es schon so spät? Ich glaube, mir geht es schon etwas besser. Die Suppe von Mama war wohl eine Wundersuppe", lächelte sie immer noch ein wenig schwach.

Ihre Mutter hatte zwischenzeitlich das Abendessen gerichtet. Es kam aber kein Gespräch auf. Alle waren nachdenklich. Als sie mit Essen fertig waren, ging Eva in ihr Zimmer und machte sich zum Schlafen zurecht. Man merkte, dass es ihr noch nicht so gut ging. „Wenn du im Bett bist, sage mir Bescheid", rief ihr Papa hinterher. „Ich erzähle dir dann was von Engeln, die dir helfen, wieder gesund zu werden."

Sie ging ins Bett und war neugierig, was ihr Vater erzählen würde. Von den Engeln wollte sie unbedingt mehr wissen. Seit ihre Eltern das erste Mal davon erzählt hatten, ließ ihr dies keine Ruhe mehr. Sie wollte unbedingt mehr darüber erfahren. Allein die Gedanken an Engel bewirkte bei ihr ein Wohlgefühl.

Endlich kam ihr Vater. Mama hatte ihr schon einen Gutenachtkuss gegeben, und gute Besserung gewünscht.

„Jetzt will ich dir etwas über Engel erzählen. Und weil du krank bist, beschäftigen wir uns zuerst mit den Engeln der Heilung. Deinen Michael kennst du schon. Seine Farbe ist blau, und seine Strahlen gehen dir direkt ins „Dritte Auge". Dies ist die Stelle zwischen den Augenbrauen. Hier ist der Ort, wo sich unsere Gedanken und Gefühle für die geistige Welt sammeln. Da sind die Engel Zuhause. Michael bringt dir Schutz, Frieden und Geborgenheit, sorgt für Harmonie in deinem Leben. Ich möchte dir noch zwei weitere vorstellen. Dies sind Metatron und Raphael."

Jetzt war Hans in seinem Element und konnte das Versprechen einlösen, das er Eva gegeben hatte. „Metatron hat ein Magenta rotes Gewand. Dies ist ein sehr kräftiges, dunkles Rot. Er ist der Erzengel für Kinder, und sorgt für gute Träume, hilft dir, dass die Krankheit schneller vorübergeht. Die Gesundung findet in der Seele statt. Da sind die Probleme, mit denen du nicht zurechtkommst. Man nennt ihn auch den Seelenstern. Sein Heilungsstrahl kommt von oben in deinen Kopf und geht weiter ins Herz. Keine Angst, dass tut nicht weh, er sorgt durch dieses Licht dafür, dass du gute Gedanken bekommst, und deine Genesung in Gang in Schwung kommt."

Hans räusperte sich kurz, und beobachtete Eva, ob sie seiner Erzählung noch aufmerksam folgte. Sie saß in ihrem Bett, und lauschte den Ausführungen ihres Vaters. „Papa, woher weißt du das alles? Das sind Sachen, von denen ich bisher noch nie was gehört habe?"

„Eva, wir haben in unserem Leben schon schlimme Dinge erlebt, von denen du nichts weißt. Mama soll es dir morgen erzählen. Wenn ich es dir jetzt berichte, macht dich das nur Bange, und du kannst nicht schlafen. Du willst doch noch mehr von den Engeln wissen. Also pass auf: Raphael trägt ein moosgrünes Gewand. Er ist der Heiler unter den Erzengeln, und bringt Harmonie und Realität in dein Leben. Sein Lichtstrahl geht direkt ins Herz. Mit ihm musst du reden, wenn es dir nicht gut geht. Mit seiner Hilfe wird die Heilung beschleunigt. Jetzt weißt du, welche Engel für dein Glück und deine Gesundheit zuständig sind. Nun bringen wir bei dir den Heilungsprozess in Schwung. Hierfür gibt es eine ganz einfache Methode. Du musst dir deine Engel vorstellen. Schließe deine Augen, und pass genau auf, was ich sage und tue."

Eva nickte.

Hans legte seine rechte Hand auf Evas Stirn, in etwa dort, wo sich das „Dritte Auge" befand. „Michael schickt dir jetzt seinen blauen Lichtstrahl. Lass alles einfach nur ganz ruhig geschehen. Jetzt stelle dir den magentarotfarbenen Strahl von Erzengel Metatron vor. Er geht direkt in deine Seele, und verhilft dir zu ruhigen Träumen. Lasse diese Farbe fließen." Seine linke Hand legte er nun auf das Herz von Eva. „Raphael schickt dir jetzt seine Energie mit dem grünen Strahl der Heilung. Stelle dir alle drei Farbstrahlen vor, lass die Augen geschlossen, und bleibe ganz ruhig, weiterhin in Gedanken bei den

Erzengeln. Lasse einfach alles geschehen und fließen. Und jetzt schlafe. Du wirst sehen, morgen geht es dir viel besser, und bist wieder gesund."

Bei seinen letzten Worten war Eva ganz friedlich eingeschlafen. Er ging leise aus dem Kinderzimmer und machte das Licht aus.

Im Wohnzimmer berichtete er Julia, wie aufmerksam Eva zugehört hatte, und jetzt ganz sanft eingeschlafen ist. „Morgen ist sie bestimmt wieder gesund. Kinder sind sehr empfänglich für Engel. Es fällt ihnen leicht, an sie zu glauben. So können Engel schon früh in ihr Leben eintreten. Je eher und öfter sie die Engel anrufen, umso besser. Es ist wichtig, den Kindern beizubringen, dass sie sich auch immer für die Hilfe bedanken. Durch häufige Gebete, und sprechen mit ihnen kommen immer mehr Engel in ihr Leben. Die Welt wird für sie schöner und angenehmer", beendete er seinen kleinen Vortrag.

Julia hatte ihm zugehört, und stimmte ihm zu. Sie hoffte, dass Eva morgen wieder fit und gesund war.

Kapitel 6 – Heilung geschieht

Am nächsten Morgen erwachte Eva frisch und munter. Sie sprang vergnügt aus dem Bett. Plötzlich fiel ihr ein, dass es ihr gestern gar nicht gut ging. Sie war doch krank gewesen, warmer Kopf, Fieber, Erkältung, hatte den ganzen Tag gelegen. Wie kam es, dass es ihr so schnell wieder gut ging? Dann erinnerte sie sich an das, was ihr Vater gesagt und getan hatte. Zwei weitere Erzengel hatte sie kennengelernt, die sie gesund gemacht hatten, Metatron und Raphael. Und die Zeremonie ihres Vaters mit den Händen. Ihr war vor dem Einschlafen ganz warm geworden. Sie hatte blaue, grüne und rote Lichtstrahlen gesehen. Dann war sie ganz tief und fest eingeschlafen, und morgens gesund aufgewacht. Ein Wunder. Die Engel waren wirklich da, in ihr Leben getreten. Sie wollte dieses schöne Gefühl nie wieder vermissen. Die Engel sollten immer bei ihr bleiben.

Dies sprach sie auch so aus, „Liebe Erzengel, ich danke euch, und wünsche mir, dass ihr immer bei mir bleibt; dann können wir öfter miteinander reden und besser kennenlernen. Vielleicht könnt ihr mir wieder helfen, wenn ich euch brauche. Ihr dürft auch sonst immer zu mir kommen. Hauptsache, dass ihr einfach da seid. Ich habe keine Geschwister, mit denen ich sprechen, und solche Sachen wie mit euch machen kann. Heute Abend muss ich Vati von der Wunderheilung erzählen. Nochmals vielen Dank. Jetzt muss ich ganz schnell zu Mama in die Küche. Die wird sich auch wundern, dass ich wieder gesund bin".

Glücklich eilte sie in die Küche. Ihre Mutter bekam große Augen, „Eva, du bist wieder putzmunter? Das ist ja fast ein Wunder, so krank, wie du gestern warst. Wie hast du das denn gemacht? Warst du heimlich in der Nacht beim Doktor? Davon habe ich gar nichts bemerkt", dabei schmunzelte sie, wusste ja, dass Hans gestern Abend mit Eva und den Engeln gearbeitet hatte. Aber dieses schnelle Ergebnis grenzte wirklich an Zauberei. Sie freute sich über die rasche Genesung ihrer Tochter. „Später musst du mir alles erzählen, wie ihr das angestellt habt."

„Jetzt wird erst mal ordentlich gefrühstückt. Du bist bestimmt ganz ausgehungert, und musst wieder zu Kräften kommen." Mit diesen Worten deckte sie für Eva ganz schnell den Frühstückstisch.

Diese hatte wirklich Hunger. Gestern hatte sie wegen ihrer Erkältung keinen großen Appetit gehabt, nur mittags Suppe und Nachtisch gegessen. Aber heute aß sie mit großem Heißhunger. Das liebevoll angerichtete Frühstück wurde fast vollständig aufgegessen. Julia bekam große Augen, wie sie sah, was ihre Tochter alles in sich reinstopfte.

Nachdem das Frühstücksgeschirr abgeräumt war, und Eva sich gewaschen hatte, setzten die beiden sich im Wohnzimmer auf das Sofa.

„Eva, ich weiß, was dir zu schaffen macht. Das Arbeitsangebot für deinen Vater, das mit Umzug verbunden ist, beschäftigt dich. Dein Vater wird das Angebot annehmen. Wir suchen dort eine schöne Wohnung oder ein Häuschen. Für ihn ist es eine einmalige Chance. Auf diese Gelegenheit hat er schon viele Jahre gewartet. Jetzt hat er endlich dieses Ziel erreicht, sein eigener Chef zu werden. Das ist auch mit einer Gehaltsaufbesserung verbunden. Wir könnten uns mehr leisten, vielleicht sogar ein eigenes Haus. Das wäre doch auch für dich sehr schön. Oma und Opa und wir können uns oft besuchen. Die Probleme werden nicht so groß sein, wie du jetzt vielleicht denkst. Morgen ist Sonntag, da fahren wir nach Glücksstadt und wollen es uns anschauen."

„Sollen wir wirklich nach Glücksstadt? Na ja, wenn es sein muss. Können wir uns ja mal ansehen. Mama, da ist noch was. Papa hat mir gestern vorm Schlafen gesagt, dass ihr schlimme Erlebnisse hattet. Was bedeutet das?"

„Das stimmt. Bevor du geboren warst, hatte dein Vater einen schlimmen Motorradunfall."

„Was, Motorrad? Wo ist das? Wir haben doch nur ein Auto."

„Bis zu diesem Unglück hatten wir nur ein Motorrad. Das ist bei dem Unfall total zertrümmert worden. Ein Autofahrer hat deinem Vater die Vorfahrt genommen, und ihn angefahren. Er ist mit schweren Verletzungen ins Krankenhaus gekommen. Tagelang wussten wir nicht, ob er mit dem Leben davonkommt."

„Der arme Papa", Eva hatte feuchte Augen bekommen.

„Du musst nicht weinen. Alles ist gut ausgegangen. Im Krankenhaus habe ich viel gebetet. Ich habe den lieben Gott angefleht, mir Hilfe für deinen Vater zu schicken. Plötzlich war das Krankenzimmer in grünes Licht gehüllt. Gott hat uns Erzengel Raphael geschickt. Bei deinem Vater hat der Heilungsprozess begonnen. Er ist wieder gesund geworden. So sind wir zu den Engeln gekommen. Danach haben wir viel darüber gelesen und uns mit Leuten unterhalten, die auch solche Erlebnisse hatten. Dieses Unglück hat uns sehr verändert, wir gehen rücksichtsvoller mit den Menschen und der Umwelt um."

„Damit du weiterhin zur Ruhe kommst, zeige ich dir eine schöne Entspannungsübung. Hierbei werden Atem und Bewegung miteinander verbunden. Dies bringt Ruhe und Entspannung."

Ihre Mutter legte eine CD mit Entspannungsmusik auf. Es erklangen schöne ruhige Töne von Piano, Flöten, Klangschalen, Gongs, Violine und Elektrogitarre, die einen schon träumen ließen. Dies war wirklich eine gute Vorbereitung, um sich zu entspannen. Evas Mutter dehnte und streckte sich, „Mach alles genau, wie ich es dir vormache. Wir stellen uns mit beiden Beinen so hin, dass die Füße in Höhe der Hüften sind. Unsere Hände lassen wir ganz locker und entspannt hängen. Jetzt nehmen wir die Hände offen vor den Bauch und führen sie ganz langsam nach oben bis zum Kopf. Hierbei atmen wir bedächtig und tief ein. Der Atem wird durch die Nase eingezogen, und bis tief in den Bauch geleitet. Wenn du merkst, dass dein Bauch dick wird, und sich wölbt, hast du es richtig gemacht. Zeig mir doch mal, ob du es mit der Atmung verstanden hast."

Eva ging in die gezeigte Grundstellung, die Hände langsam hoch, und atmete tief ein. Der Bauch wölbte sich vor. Ihre Mutter war von der schnellen Auffassungsgabe ihrer Tochter ganz begeistert, und lobte sie entsprechend. „Ganz toll, wie du das machst, aber was ist denn auf einmal mit dir los?" Sie merkte, dass Eva leicht schwankte.

„Mama, ich weiß auch nicht, was auf einmal los war. Plötzlich kam ein moosgrünes Licht auf mich zu und ging durch meinen Kopf bis in mein Herz. Mir wurde ganz warm und wohlig. Ich habe mich richtig leicht gefühlt, und hatte ein schönes Gefühl, " flüsterte Eva ganz leise.

Augenblicklich kamen Julia die Ereignisse mit den Erzengeln in den Sinn. Hans hatte doch gestern Abend mit Eva und ihnen gearbeitet. Es konnte sich in diesem Fall nur um ein spontanes Erlebnis mit Erzengel Raphael handeln, weil dieser seine Energie über einen moosgrünen Lichtstrahl sandte. „Eva, ich glaube, du bist ein Glückskind. Du hast einen guten Draht zum Himmel und den Engeln. Eben ist dir Erzengel Raphael durch seinen Lichtstrahl erschienen, und hat dir noch mal Heilenergie gegeben", sagte sie sichtlich ergriffen und glücklich.

„Mutti, mir geht es heute auch wieder gut. Ich liebe meine Engel. Das muss ich unbedingt heute Abend Vati erzählen. Ich bin ihm sehr dankbar, dass er mir die Sachen mit den Engeln erzählt und beigebracht hat. Jetzt habe ich immer jemand, mit dem ich reden kann, wenn ich allein bin. Euch kann ich auch immer alles sagen, was mich bedrückt. Aber jetzt kann ich nachts auch noch mit meinen Engeln sprechen. Ich glaube, das ist das Schönste, was einem geschehen kann. Das muss ich unbedingt auch Oma und Opa erzählen." Eva war ganz aufgeregt. „Wollen wir mit der Übung weitermachen? Vielleicht erscheinen dir auch die Engel. Dann sind wir die glückliche Familie

Engel, und uns kann nichts Schlimmes mehr zustoßen. Das wäre doch toll. Sie helfen uns bestimmt bei unseren Problemen", strahlte Eva.

Ihre Mutter war ein bisschen durcheinander. Dieses eben aufgetretene Phänomen mit den Engeln kam wirklich nicht oft vor.

Kapitel 7 – Samstagnachmittag

Eva freute sich schon auf den Nachmittag. Heute war Samstag, da hatte ihr Vater früher Feierabend. Sobald er Zuhause war, wollten sie zu den Großeltern gehen. Die Beiden wussten noch nichts von den Neuigkeiten. Das sollten sie lieber persönlich erzählt bekommen.

Endlich war es soweit, ihr Vater kam nach Hause. Sofort sprang sie an ihm hoch und klammerte sich bei ihm fest. Er lachte und nahm sie in den Arm, „Nanu, womit habe ich denn das verdient? Du strahlst ja so. Geht es dir heute wieder besser? Haben die Engel dir geholfen?"

„Ja Papa, ich bin wieder gesund. Das hast du zusammen mit den Engeln gemacht. Vielen Dank. Ich bin ja so glücklich."

„Da siehst du, man muss nur an sie glauben, und mit ihnen sprechen. Je öfter und intensiver du das machst, umso schneller sind sie bei dir. Kinder sind empfindsam, und reagieren intensiv und stark auf die Energien der Engel. Deine Engel wissen ganz genau, wann und was dir fehlt. Aber ohne deine Erlaubnis greifen sie nie ein. Du musst sie immer um Hilfe bitten. Darüber können wir uns später noch ausführlich unterhalten. Jetzt will ich doch erst mal reinkommen, deiner Mutter Hallo sagen, und mich frisch machen."

Bei diesen Worten kam Julia aus der Küche, um Hans zu begrüßen. Er nahm sie lachend in den Arm und gab ihr einen zärtlichen Kuss.

„Hallo, geht es euch gut? Eva strahlt auch wieder. Jetzt können wir beruhigt das Wochenende angehen."

Er ging ins Bad, um zu duschen.

Während Hans sich abbrauste, packte Julia den frischgebackenen Kuchen ein. Hoffentlich nahmen ihre Eltern die Neuigkeiten gut auf. Man wohnte dann nicht mehr um die Ecke. Aber irgendwie würde es weiter gehen. Beide waren rüstig. Ihr Vater fuhr gern Auto. Sie wollte sich jetzt noch keine Gedanken machen, und die Reaktion abwarten, hoffentlich war diese positiv.

Sie verzichten auf das Auto und machten sich zu Fuß auf den Weg. Die Drei waren schwer bepackt, Hans hatte Salate und Fleisch zum Grillen, Julia trug ihren Kuchen und Eva war mit Körbchen und Spielzeug beladen. Sie waren guter Laune. Je näher sie Julias Elternhaus kamen, umso stiller wurden sie. Wie würden sie die Nachricht aufnehmen? Sie wollten jedenfalls nicht gleich mit der Tür ins Haus fallen.

Eva war von ihren Eltern angewiesen worden, nichts zu verraten.

Sie wurden bereits erwartet. Horst und Else standen am Gartentor und winkten ihnen zu. Das Wochenende sollte zünftig eingeläutet werden. Sie waren gespannt, wie fit Eva wieder war, und ob sie wieder planschen durfte.

Horst nahm seiner Tochter den Kuchen ab, und trug ihn gleich auf die Terrasse. Else hatte den Tisch zum Kaffeetrinken gedeckt. Das geblümte Sonntagsgeschirr stand bereit und passende Servietten lagen auf den Kuchentellern. Die Großeltern hatten sich „ordentlich ins Zeug gelegt", wie ihr Vater sagte. Sie konnten sich gleich setzten. Kaffee und Kuchen wurden verteilt und eine fröhliche Unterhaltung kam in Gang.

„Wie geht es dir denn?", fragte Opa seine Enkelin. „Wie bist du denn so schnell wieder gesund geworden? Haben deine Eltern gezaubert, dass du heute wieder so gesund und munter bei uns sitzen kannst? Erzähle doch mal."

Jetzt war Eva in ihrem Element. „Du Opa, die beiden haben nicht gezaubert. Sie haben mir beigebracht, wie man mit den Engeln spricht. Papa hat mich am Abend so behandelt, dass Erzengel Michael, Raphael und Metatron erschienen sind. Ich habe ein buntes Licht gesehen, bin eingeschlafen, und morgens ohne Erkältung aufgewacht. Mama hat mich mit einem Frühstück und einer guten Suppe versorgt. Jetzt geht es mir wieder gut."

Opa war erstaunt, „Das ist eine schöne Geschichte. Glaubst du an Engel? Deine Oma spricht auch mit ihnen. Wenn sie mal wieder was verlegt hat, fragt sie immer den Erzengel Chamuel, wo es sein könnte. Dann findet sie es auch fast sofort wieder."

Eva war ganz aus dem Häuschen. „Oma, ist das wahr, dass du dich mit Engeln auskennst? Bisher hatte ich keine Ahnung davon, und jetzt kennen sich alle damit aus. Du musst mir unbedingt davon erzählen. Bitte Oma …"

So hatte sie ihre Enkelin noch nie erlebt. „Aber sicher. Wenn du mal wieder bei uns übernachtest, machen wir es uns so richtig schnuckelig und kuscheln. Von den Engeln weiß ich ganz viele Geschichten."

„Also", wechselte Hans ganz behutsam das Thema. „Julia und ich müssen euch was erzählen."

Elsa und Horst sprangen fast gleichzeitig hoch, „Ist Julia schwanger? Bekommen wir noch einen Enkel?" Beide strahlten um die Wette.

„Nein, nein", lachte Hans. „Das ist es nicht. Es ist etwas anderes, worüber wir mit euch sprechen wollten. Im Geschäft gibt es Veränderungen. In Glücksstadt wird eine neue Filiale eröffnet. Und da haben sie mich als Filialleiter ausgewählt. Aber das ist, wie ihr wisst, gut einhundert Kilometer von hier weg. Dadurch könnten wir uns nicht mehr täglich sehen. Für euch, genau wie für uns, ist dies nicht leicht. Ich bin aber sicher, das bekommen wir auch hin. Julia und ich sind uns einig, dass ich das Angebot annehmen sollte. Das ist es, was wir euch sagen wollten. Was haltet ihr davon?"

Die Großeltern waren sprachlos wegen dieser Neuigkeit. Dann stand Horst auf, ging auf seinen Schwiegersohn zu, und nahm ihn in den Arm. „Das ist ja eine tolle Neuigkeit. Wegen uns braucht ihr euch keine Gedanken machen. Wir gratulieren dir ganz herzlich zu deinem Erfolg. Macht einfach das Beste aus der Sache. Unsere Eva bekommen wir bestimmt weiterhin zu sehen. Glücksstadt ist ja schließlich nicht aus der Welt. Das müssen wir feiern."

Julia und Hans waren erleichtert, wie die Beiden die Nachricht aufgenommen hatten. Sie hatten mit allem gerechnet, nur nicht mit dieser schnellen Zustimmung. Die Anspannung löste sich unverzüglich auf. Es wurde wieder gelacht. Eva kuschelte sich ganz schnell an ihre Großeltern. Sie wollte so lange wie möglich bei ihnen sein, bevor sie umzogen. Ihre Eltern hatten ihr die Sachlage so gut erklärt, dass sie verstand, wie wichtig es für ihren Vater war. Vielleicht war alles auch nicht so schlimm, wie sie es augenblicklich empfand. Sie würden sich so oft wie möglich sehen. Alles würde gut werden.

Eva durfte sich umziehen, und ein Bad in ihrem Swimmingpool nehmen. Heute wurde aber darauf geachtet, dass sie nur kurz planschte, und sich danach trockene Sachen anzog. Schließlich sollte sie nicht wieder einen Rückschlag bekommen. Anstandslos und ohne Widerspruch kam Eva nach kurzer Zeit aus dem Wasser.

Eltern und Großeltern unterhielten sich angeregt über die neue Situation. Horst war nach der anfänglichen Überraschung sofort begeistert von dem neuen Unternehmen. Er holte gleich eine Landkarte aus dem Haus, um sich die Route nach Glücksstadt einmal anzusehen.

„Alles halb so schlimm", meinte er, nachdem er die Strecke mit dem Finger auf der Landkarte abgefahren war. „Das ist doch eine Kleinigkeit. Das bekommen wir hin." Wenn er für ein Projekt erst mal Feuer und Flamme war, war er nicht zu bremsen. „Wollen doch mal sehen, ob es dort nicht auch eine Wohnung oder ein Häuschen gibt."

Mit diesen Worten holte er die Zeitung aus dem Haus und schlug den Immobilienteil auf.

Julia und Hans sahen sich an, und schmunzelten. So hatte Julia ihren Vater schon lange nicht mehr gesehen. Es war einfach schön zu sehen, wie er sich seine Gedanken machte, und helfen wollte. Aber so war er schon immer.

Der Nachmittag ging unbeschwert vorüber. Julia dachte trotzdem, wie viele solcher gemütlichen Tage werden wir in nächster Zeit hier noch verbringen? Ein bisschen Wehmut überkam sie. Aber möglicherweise wurde vieles auch besser? Hans wurde sein eigener Chef und eine neue, größere Wohnung wäre auch nicht schlecht. Und das alles, bevor Eva in der Schule in die nächste Klasse kam.

Der Nachmittag verlief harmonisch. Als es ans Einpacken und Aufräumen ging, wurde Eva immer anhänglicher. „Kann ich heute Nacht bei dir schlafen, Oma? Dann kannst du mir die Geschichten erzählen. Seit Papa mir den Engel geschenkt hat, ist viel passiert. Jetzt möchte ich noch mehr wissen. Das wäre doch eine gute Gelegenheit", meinte Eva.

„Nein", entgegnete ihre Mutter. „Morgen wollen wir uns Glücksstadt ansehen. Dein Vater hat schon Erkundigungen eingezogen, wo schöne Wohngegenden sind. Und das wollen wir auskundschaften. Aber ein anderes Mal darfst du gern bei Oma und Opa schlafen. Da haben sie bestimmt nichts dagegen."

„Och Mama, bitte …"

„Nein, heute nicht. Das verstehst du doch. Du bist doch ein großes Mädchen."

Julia hörte enttäuscht, was ihre Mutter sagte. „Aber nächstes Mal dann ganz bestimmt. Ich bin auch gespannt, wie es dort aussieht. Vielleicht finden wir auch so ein kleines Häuschen, wie Oma und Opa es haben. Das wäre schön", strahlte sie. Die Sache mit dem Übernachten war vergessen.

Kapitel 8 – Glücksstadt

Sonntagmorgen erwachte Eva. Die Sonne schien in ihr Zimmer. Die Vögel zwitscherten laut und vergnügt. Sie war nachdenklich, wusste nicht genau, war sie schon wach, oder träumte sie noch?

Eben war sie noch in einem schönen Park gewesen. Darin stand ein altes Fachwerkhaus, das zum Teil mit Efeu und Blumen bewachsen war. In diesem Park war ein großer See, in dem Delfine schwammen, die hoch in die Luft sprangen und silbern im Sonnenlicht glitzerten. Um den See standen herrliche Bäume und Büsche. Die duftenden Rosen rankten in die Höhe. Vögel flogen singend am Himmel. Ansonsten war es vollkommen still. Alles war von regenbogenfarbigem Licht umgeben. Diese Strahlung kam von den Erzengeln. So schillernden Glanz hatte sie noch nie gesehen. Sie rekelte und streckte sich. Die schönen Farben und Bilder verschwanden langsam. Ihre Eltern mussten ihr erklären, was das zu bedeuten hatte. Es war alles so unwirklich, nicht greifbar, aber schön. Ein wohliges Gefühl durchflutete sie immer noch.

In der Küche warteten schon ihre Eltern mit dem Frühstück. Sie sahen ihr Töchterchen an, und schmunzelten, weil diese noch ganz verschlafen war.

Eva wunderte sich, dass ihr Vater in der Küche saß, „Musst du heute nicht arbeiten?"

„Nein", lachte er. „Heute ist Sonntag. Wir fahren nach Glücksstadt, um uns das Städtchen anzuschauen. Wir müssen doch wissen, ob es uns gefällt, und wir dort leben könnten. Wenn ich die Arbeitsstelle dort antrete, soll uns die Stadt auch gefallen."

„Daran habe ich gar nicht mehr gedacht", antwortete Eva noch leicht verschlafen. „Aber ich hatte eben einen schönen Traum. Ich war in einem Park mit vielen Blumen und Tieren, und einem verwunschen Haus. Überall strahlten bunte Lichter. Das war wirklich wunderschön. Waren das Engelfarben?"

„Ja, ganz bestimmt. Siehst du", erwiderte Julia. „Du träumst sogar schon von einem Umzug. Das ist doch ein gutes Zeichen. Wenn die Engel dir einen so schönen Traum schenken, ist es einfach unsere Bestimmung, den Umzug anzugehen. Aber jetzt wollen wir erstmal frühstücken."

Nach dem Frühstück bestrich Julia die restlichen Brötchen mit Butter und belegte diese mit Wurst und Käse. Erstaunt sah Eva ihrer Mutter zu. „Warum machst du noch die Brötchen fertig?"

„Wir wollen mal sehen, ob wir nicht einen Park für ein Picknick finden. Schließlich müssen wir auch mal ausruhen. Ausflüge haben dir doch immer Spaß gemacht. Wir nehmen noch Obst und was zum Trinken mit. Du packst dir deinen Michael und Spielsachen ein. Auf der Kuscheldecke strecken wir uns dann aus, und machen es uns gemütlich", lachte ihre Mutter.

Zwischenzeitlich hatte ihr Vater schon Campingstühle, ein kleines Tischchen, die Kuscheldecke und noch einige Sachen ins Auto gepackt. „So, Mädels, seid ihr soweit? Eigentlich wollten wir heute noch fahren." Dabei lachte er und lud den Picknickkorb und die Getränke ein.

Er hatte sich eine Straßenkarte und einen Stadtplan besorgt, die Fahrt konnte losgehen. Julia stimmte ein lustiges Liedchen an. Sie waren vergnügt, aber auch erwartungsvoll. Eine gewisse Spannung lag in der Luft. Nach fünfundvierzig Minuten kam die Silhouette von Glücksstadt in Sicht. Alles erschien grau in grau.

„Das sieht aber unfreundlich aus", meinte Julia, als sie die Umrisse der auftauchenden Stadt sah.

„Halb so schlimm", antwortete Hans. „Das ist das Industriegebiet. Wenn wir daran vorbei sind, haben wir Aussicht auf das eigentliche Stadtgebiet. Das ist bestimmt freundlicher. Ich habe mich schon mal im

Internet schlaugemacht, und mir das Stadtbild angeschaut. Es sah eigentlich ganz freundlich aus."

Eva musste auch ihren Kommentar abgeben, „Das gefällt mir nicht. Da bleiben wir lieber, wo wir sind. Richtig unheimlich." Sie lachten.

Langsam fuhren sie am Industriegebiet vorbei. Nach kurzer Zeit änderte sich die Landschaft. Die grauen Gebäude der Fabriken wichen einem herrlichen Anblick auf ein kleines Wäldchen und augenblicklich besserte sich ihre Laune.

„Seht ihr, dies ist gleich viel angenehmer. Vielleicht gefällt es uns hier ja doch noch", schmunzelte Hans. „In dem Wald sind sogar ein See und ein Picknickplatz, den wir uns ansehen, wenn wir im Stadtgebiet waren, und danach ausruhen wollen."

Nach einigen Minuten fuhren sie in das Stadtgebiet von Glücksstadt. Hans wusste, wo er hinzufahren hatte. Es ging durch Straßen und Gässchen eines schön anzusehenden Altstadtkerns. Wunderbare Fachwerkhäuser mit bunt gestrichenen Fensterläden wechselten einander ab. Es sah idyllisch aus. Sie konnten sich gar nicht sattsehen an den liebevoll hergerichteten Häusern.

„Das ist ja zauberhaft", murmelte Julia ganz ergriffen. „So ein Häuschen ist ein Traum. Hier wohnen bestimmt nur glückliche Menschen. Da möchte man am liebsten gleich einziehen."

Eva hatte diese Häuser mit großen Augen angeschaut, „Wie im Märchen".

Hans fuhr auf einen Parkplatz. Sie stiegen aus dem Auto und waren neugierig auf die Stadt. Hier war eine ganz andere Welt, das Leben pulsierte: Straßencafés, Eisdielen, kleine Restaurants und Imbissstände bestimmten das Straßenbild. Obwohl Sonntag war, herrschte ein reges Leben und Treiben. Fußgänger, Kinder mit Dreirad oder Roller, Gruppen junger Leute, ältere Leute mit Gehhilfe; hier war alles vertreten. Dann die Geschäfte: Kaufhäuser, Boutiquen, Parfümerien und Souvenirläden reihten sich aneinander.

Hans blieb stehen. „Seht ihr das große Geschäft dort? Das ist die Filiale unserer Firma, die ich übernehmen soll. Ist das nicht großartig? Und die Lage? Einfach traumhaft! Was meint ihr?"

Die beiden Mädels, wie er Frau und Tochter nannte, waren hin und her gerissen. So wie ihr Gesichtsausdruck war, brauchte er gar nicht erst weiter zu fragen. Man sah es ihnen an, dass sie schon im Bann der entzückenden Stadt standen. Sie hatte scheinbar den Namen Glücksstadt zu Recht. Wenn sie noch eine passende Wohnung oder ein kleines

Häuschen fanden, war ihr Glück perfekt. Alles andere würde sich von allein ergeben. Ihre Engel hatten sie nicht im Stich gelassen, sondern den Weg zu einem neuen Lebensabschnitt offenbart.

„Kommt, lasst uns ein bisschen durch die Stadt bummeln, und die Geschäfte anschauen. Wenn wir genug gesehen haben, machen wir eine kleine Pause und essen ein Eis."

Leichten Schrittes gingen sie durch die Innenstadt. Es wurden nicht viele Worte gemacht, ihnen gefiel es hier. Nach einer halben Stunde hatten sie genug gesehen. Sie fühlten sich schon wie Zuhause. In der Eisdiele bestellten sich Hans und Julia zwei Cappuccino und für Eva ein Spaghetti-Eis. Die Familie genoss die bestellten Sachen. Sie hingen ihren Gedanken nach. Auch Eva war nachdenklich. Aber es waren schöne Empfindungen, die in ihrem Kopf umhergingen.

Hans meinte nach einer Weile, „Den Stadtkern haben wir angeschaut. Jetzt sehen wir uns die anderen Wohnviertel an. Dies sind eine Hochhaussiedlung, ein Neubaugebiet mit kleinen Reihenhäusern und Eigentumswohnungen. Dann noch die Siedlung, mit den älteren Häusern, die meist große Gärten haben. Das habe ich mir alles aus dem Internet rausgesucht. Ihr seht, ich habe meine Hausaufgaben gemacht."

„Oh ja", freute sich Eva. „Dann suchen wir uns gleich eine neue Wohnung. Mir gefällt es hier gut."

Nachdem Hans bezahlt hatte, machten sie sich auf den Weg. Zuerst wollten sie sich das Hochhausviertel anschauen, obwohl sie von vornherein wussten, dass dies für sie nicht infrage kam. Aber sie wollten sich alle Wohngebiete ansehen. Schließlich kam man ja nicht jeden Tag hier her. Nach einigen Minuten Fußweg tauchten die ersten Hochhäuser auf. Sie blieben stehen, sahen sich an, und schüttelten den Kopf. Sie waren sich einig, dass dies nichts für sie war.

„So, ihr Lieben." Nachdem wir uns mal wieder einig sind, nehmen wir jetzt das Neubaugebiet in Augenschein. Dahin haben wir allerdings einen Fußweg von einer Viertelstunde. Aber das schaffen wir auch noch." Tapfer marschierten sie los.

Nach knapp fünfzehn Minuten sahen sie das Neubaugebiet vor sich. Reihenhäuser und kleinere Häuser mit Eigentumswohnungen reihten sich hier aneinander. Kleine grüne Oasen und bunte Vorgärten ließen alles freundlich erscheinen. Aber an einigen Stellen standen noch Baukräne. Ausgehobene Baugruben, halb fertig gestellte Gebäude prägten noch diese kleine Siedlung.

„Seht doch, trotz der Baustellen sieht es hier schon um einiges freundlicher aus", erklärten Julia und Hans fast gleichzeitig.

Eva lächelte auch. „Hoffentlich finde ich da neue Freunde? Aber, wie sagt ihr immer, wer nicht wagt, der nicht gewinnt". Dabei sah sie ihre Eltern an. Sie war aufgeregt. Viele Gedanken und Bilder kamen in ihrem Kopf zusammen. Hoffentlich waren dies keine Luftschlösser?

Sie durchstreiften vergnügt das Neubaugebiet. Die Leute grüßten freundlich. Alles sah recht ordentlich aus. Es gefiel ihnen, musste nur etwas Passendes zur rechten Zeit frei sein, was sie auch noch bezahlen konnten. Gleich am Montag wollte Hans beim Bauträger anrufen.

„So, jetzt haben wir uns hier ausreichend umgeschaut", meinte er. „Nun bleibt nur noch die alte Siedlung übrig, die wir in ein paar Minuten zu Fuß erreichen."

„Langsam kann ich auch nicht mehr", murrte Eva. Ihr taten die Füße weh.

„Wenn wir uns diesen Teil angeschaut haben, fahren wir in das Wäldchen mit See. Dann kannst du dich ausruhen, und wir machen ein gemütliches Picknick. Mama hat schon alles eingepackt."

Als sie das alte Viertel erreicht hatten, staunte Eva. „Was ist denn da los? Über den alten Häusern und Bäumen ist ein helleres und dunkleres rosa Licht. Hat das was zu bedeuten?"

Julia und Hans schauten sich an. Sah Eva Engel und Engellichter? War da ein Gespür, eine Hellsichtigkeit in dem Mädchen erwacht? Es schien so. Das mussten sie weiter verfolgen.

Hans überlegte kurz. „Wenn du wirklich die beiden Farben siehst, bedeutet das hellere Rosa Erzengel Ariel, und das dunklere Rosa weist auf den Erzengel Jophiel hin. Beide haben zum Ziel, dir ein schönes Dach über dem Kopf zu besorgen. Im Haus schaffen sie Ordnung und bringen Klarheit in deine Gedanken. Sie sorgen für Frieden, Liebe und Ruhe, beseitigen negative Dinge. Wenn du das siehst, wirst du mir langsam unheimlich. Ich glaube, ich habe bei dir einen ganz großen Stein ins Rollen gebracht. Dein Bewusstsein für diese Angelegenheit haben sicher eine Bedeutung. Also müssen wir uns dieses alte Viertel ganz genau ansehen."

Sie wandelten durch die gemütlichen Sträßchen mit dem uralten Baumbestand und den wundervollen betagten Häusern. Sie sahen zum Teil wie Hexenhäuschen aus. Die Familie war verzaubert. Hier gefiel es ihnen noch besser, wie in dem Neubaugebiet. Aber waren die Anwesen hier zu haben, und erschwinglich? Auch hierüber wollte Hans sich am Montag informieren.

Still gingen sie zum Auto, und Hans fuhr gemächlich zu dem Wäldchen, an dem sie auf der Hinfahrt vorbeigekommen waren. Sie wollten den Ausflug mit einem Picknick ausklingen lassen.

Es ging mit Begeisterung ans Auspacken der Picknicksachen. Tisch, Stühle, Decke, Essen und Trinken kamen aus dem Auto hervor. Hans ging vor, um ein schönes Plätzchen im Wald zu suchen. Nach ein paar Minuten kam er zufrieden wieder zurück.

„Ich habe einen wunderbaren Flecken für uns gefunden. Er wird euch gefallen." Mit diesen Worten nahm er den Tisch und die Klappstühle. Eva und Julia den Rest. Auch Michael durfte nicht fehlen. Diesen hatte Eva schon fest ins Herz geschlossen. Wenn möglich, war er überall dabei.

Hans hatte eine schöne Waldlichtung für sie ausgesucht. Direkt unter Schatten spendenden Bäumen, aber trotzdem noch hell und freundlich. Man konnte von hier aus den Badesee sehen.

Eva war begeistert. „Hier ist ja auch ein Swimmingpool für mich. Viel größer als bei Oma und Opa." Dabei strahlte sie. „Ich habe meine Schwimmflügel aber nicht dabei. Darf ich trotzdem ins Wasser gehen?" „Das schauen wir uns nachher einmal an", meinte Julia. „Aber zuerst wird gegessen. Wir haben doch die ganzen guten Sachen nicht umsonst mitgenommen. Wenn wir uns ausgeruht haben, gehen wir zum See und schauen, ob das Wasser warm genug ist."

Nach dem Essen legten sie sich auf die mitgebrachte Decke. „Es ist herrlich hier", bemerkte Hans. „Wenn wir nach Glücksstadt ziehen, könnten wir hier öfter ein Picknick machen und schwimmen."

Eva beobachtete inzwischen die Tierwelt. Alles krabbelte und flog umher. Ameisen waren auf ihrer Straße unterwegs, Bienen und Hummeln summten von Blüte zu Blüte und sammelten Waldhonig. Schmetterlinge schwebten über den Blumen. Vom Studieren der verschiedenen Insekten wurde sie müde und schlief ein. Sie träumte vom Umzug und von Engeln, die ihnen bei allem halfen. Es war ein schöner Traum. Am liebsten wäre sie gar nicht mehr aufgewacht. Doch langsam wurde es kühler, und sie wurde von ihrem Vater geweckt.

„Aufwachen, du Langschläfer. Wir wollen uns doch noch den See anschauen. Dann wird es Zeit, dass wir wieder nach Hause fahren." Eva kam langsam wieder zu sich und blinzelte.

Sie gingen gemeinsam ans Ufer. Kinder planschten. Die Eltern saßen auf ihren Decken und sahen zu. Man lächelte sich freundlich zu. Eva zog ihre Sandalen aus, und steckte vorsichtig die Füße ins lauwarme Wasser, „Nächstes Mal nehme ich meine Badesachen mit. Dann kann ich auch in den Badesee."

Gemütlich gingen sie zu ihren Sachen zurück, und packten alles ein. Sie fuhren nach Hause. Sie ließen noch mal den Tag Revue passieren. Es war ein gelungener Tag. Ihnen gefiel es hier. Jetzt wollten sie alles dransetzen, so bald wie möglich nach Glückstadt zu ziehen.

Kapitel 9 – Wohnungssuche

Montagmorgen war Hans erster Urlaubstag. Er wollte diesen eigentlich mit einem gemütlichen Frühstück beginnen, doch schon beim Aufstehen hatte er ein komisches Gefühl im Magen. Irgendetwas würde heute noch geschehen. Doch was? Dies hatte bestimmt mit der Wohnungssuche zu tun. Bei diesem Thema kribbelte es ganz gewaltig im Bauch.

Er hatte gestern vor dem Schlafen mit seinen Engeln gesprochen, und um Beistand gebeten. Zuerst erschien ihm das blaue Licht des Erzengels Michael, der seine letzten Zweifel bezüglich eines Umzuges zerstreute. Danach erschien ihm das rosa Licht des Erzengels Jophiel, der für das Heim zuständig war. Zuletzt erschien ihm Maria, die Muttergottes, mit ihrem ebenfalls rosa und hellgrünen Licht. Sie war gleichbedeutend mit der Muttergestalt aller Erzengel, und sorgte für die nötige Ruhe und liebevolle Gestaltung des Unternehmens. Es konnte nichts mehr schief gehen. Dies arbeitete in seinem Inneren und musste verdaut werden.

Langsam kamen Eva und Julia in die Küche. Beide sahen verschlafen aus. Der Ausflug nach Glücksstadt war anstrengend gewesen. Es hatte ihnen dort gut gefallen. Sie waren sicher, dass es ihnen dort gut gehen würde.

In der Küche duftete es schon nach Kaffee. Die Brötchen lagen im Korb, und die Zeitungen im Wohnzimmer auf dem Tisch. Hans hatte alles vorbereitet.

„Du verwöhnst uns ja richtig", hauchte Julia und gab ihrem Mann einen Kuss. „Du bist ein Schatz. Urlaub hat also doch seine Vorteile. Könntest du ruhig öfter haben, würde mir gut gefallen."

„Was macht man nicht alles für seine Damen, um sie bei Laune zu halten. Dann geht euch heute alles schneller von der Hand, und ich kann mich am Nachmittag auf meinen Lorbeeren ausruhen." Jetzt lachte er.

Es wurde ein gemütliches Frühstück. Eva taute auf. Sie schnatterten um die Wette, und sprachen über ihren Ausflug nach Glücksstadt. Die Drei waren sich einig, sie würden den Umzug in Angriff nehmen. Sonst würde Hans auch nichts anderes übrig bleiben, wie täglich zu pendeln. Das wäre auf Dauer viel zu anstrengend, und mit großen Kosten verbunden.

Eva hatte noch etwas zu diesem Thema beizutragen, und erzählte von ihrem Traum. „Ich habe so schön geträumt. Alles war voller bunter Lichter. Vögel und

Schmetterlinge sind um mich herumgeflogen. Sie haben mir ein großes Haus gezeigt. Dies stand in einem verwilderten Garten mit Teich. Ich wurde direkt dorthin geführt. Die Vögel flatterten und Häschen haben um mich herum gesessen. Ich habe gelacht und getanzt. Ich war richtig glücklich. Hat das was zu bedeuten?"

Hans und Julia lächelten sie an. Jetzt konnte wirklich nichts mehr schief gehen. Darüber waren sie sich einig. Dies war das Zeichen, das ihnen den Weg zeigen würde.

Nach dem Frühstück wollte Eva wieder eine Entspannungsübung machen. Als ihre Mutter mit dem Geschirr in der Küche fertig war, Eva hatte mitgeholfen, holte sie eine CD aus dem Regal. „So, Eva, jetzt wollen wir beiden wieder eine Übung machen. Das hatte ich dir versprochen."

Eva und Julia waren eifrig bei der Sache. Hans las in der Zeitung den Immobilienteil. Danach stöberte er im Internet nach weiteren Angeboten. Er war in seine Arbeit vertieft, und nahm seine Umwelt kaum wahr. Geschäftsmäßig hatte er eine Tabelle auf seinem PC erstellt, unterteilt in Wohnungen und Häuser, mit Adressen und Preisen. Diese Aufstellung wollte er später mit Julia besprechen.

Nach einer Weile sah Hans auf, und beobachtete, wie seine Lieben ihre Energieübung beendeten. Er war auch gerade mit seiner Ausarbeitung fertig geworden. Es hatte sich eine stattliche Tabelle ergeben. Julia kochte noch einmal Kaffee. Für Eva machte sie Mineralwasser mit Zitrone. Das trank sie gern, weil es so herrlich erfrischte.

Dann besprachen sie die Liste, die Hans angefertigt hatte. Hiervon blieben nur fünf Objekte übrig, die er abtelefonieren wollte. Er machte sich gleich an die Arbeit. Nach den Anrufen waren noch drei Häuser in der Auswahl, die sie heute anschauen konnten. Eva wollte lieber zu den Großeltern. Sie hatte keine Lust, sich schon wieder die Füße wund zulaufen. Diese taten ihr vom gestrigen Ausflug noch weh. Ihre Eltern verstanden sofort, was los war. Eva hatte Ferien, und wollte mit Oma und Opa zusammen sein. Wenn sie erst in Glücksstadt wohnten, wäre dies nicht mehr so oft möglich.

Sie packten für Eva ein paar Sachen ein, die im Garten und zum Planschen nötig waren. Ruckzuck war sie abfahrbereit. Ihren Michael hatte sie liebevoll in ein blaues Tuch gewickelt, und im Korb verstaut. Sie wollte den Tag mit Oma und Opa verbringen. Hoffentlich erzählte Oma Else ihr was von den Engeln. Seit sie ihre ersten Erlebnisse damit hatte, ließ sie dies nicht mehr los.

Ihre Großeltern erwarteten sie bereits, und freuten sich auf ihre Enkelin. Sie sahen dem Umzug mit einem weinenden und einem lachenden Auge entgegen. Sie wollten, dass die Kinder glücklich waren, aber die Entfernung, obwohl es nur eine knappe Stunde war, machte sie doch traurig.

„Na, Kinder, wird es jetzt ernst? Habt ihr schon etwas gefunden?", fragte Opa Horst die Ankommenden.

„Ja", meint Hans. „Jetzt wird es ernst. Wir haben uns gestern die Stadt angeschaut, und sind uns einig, dass wir den Schritt wagen wollen. Glücksstadt ist wirklich ein nettes Städtchen. Heute wollen Julia und ich uns drei Objekte anschauen. Hoffentlich ist etwas Geeignetes dabei."

„Da wünschen wir euch viel Glück. Wenn ihr wollt, kann Eva bei uns übernachten. Dann könnt ihr euch Zeit lassen. Macht euch einen schönen Tag, und schaut euch die Gegend ein bisschen genauer an. Kann nie schaden, wenn man alle Ecken kennt. Lasst euch Zeit mit eurer Entscheidung", entgegnete Horst.

Die Beiden schauten sich an. So viel Zuspruch hatten sie gar nicht erwartet. Eva jubelte auch, da sie bei den Großeltern übernachten durfte. Sie freute sich schon auf Omas Geschichten.

Zuerst musste die wichtigste Frage geklärt werden: was Eva sich zum Essen wünschte. „Ach, Oma, am liebsten hätte ich gern Spaghetti mit Tomatensoße und einen leckeren Nachtisch."

„Ich weiß schon, Schokoladenpudding und frische Erdebeeren", lachte Oma Else. Sie war froh, dass Eva bei ihnen war.

Es wurde ein schöner Tag. Alles war perfekt. Sie planschte in ihrem Swimmingpool, und spielte vergnügt mit ihren Großeltern.

Gegen Abend riefen ihre Eltern an. Die Suche war erfolglos verlaufen. Entweder waren die Häuser zu alt und renovierungsbedürftig, oder entsprachen nicht den Erwartungen. „Aber wir werfen die Flinte nicht ins Korn", meinte Hans zu seinem Schwiegervater.

Als es Zeit wurde, brachte Oma Else Eva ins Bett. „Oma, bitte erzähle mir noch eine Geschichte über Engel. Du weißt bestimmt viele. Ich kann gar nicht genug davon hören."

Sie ließ sich nicht lange bitten. „Also pass auf. Du kennst doch die Familie mit den beiden Kindern am Ende der Straße. Die Zwei waren vor vier oder fünf Monaten in den Stadtwald gegangen. Ihre Mutter hat noch gesagt, dass sie nicht so spät heimkommen sollen, weil es abends bald dunkel wird. Sie waren so vertieft in ihr Spielen im Wald, dass sie nicht gemerkt hatten, dass es dämmerig wurde. Sie waren abseits vom Weg, und wussten nicht mehr, wo es nach Hause ging. Ihre Eltern suchten bereits nach ihnen. Die Mutter erinnerte sich, dass man Engel in Notfällen anrufen kann, damit diese helfen. Ihr fiel hierfür Erzengel Uriel ein. Sein Name bedeutet, Licht Gottes. Sie betete und sprach zu ihm, dass die Kinder den Weg nach Hause finden. Und tatsächlich fanden sie mit seiner Hilfe, trotz der Dunkelheit, wieder einen Weg, den sie bisher nicht gekannt hatten, und auch noch nie gelaufen waren. Glücklich schlossen sich alle in die Arme und dankten Uriel für seine Hilfe."

Nachdenklich schlief Eva ein.

Kapitel 10 – Der rosa Strahl

Die Tage gingen vorüber. Eva und ihre Mutter machten morgens ihre Entspannungsübungen. Hans war mit Zeitung lesen, Internet durchforsten und Telefonaten mit Immobilienmaklern beschäftigt. Mittags war Eva öfter bei ihren Großeltern. Aber alles Suchen war erfolglos. Sie wurden immer kribbeliger. Es musste was geschehen. Da waren sie sich einig.

„Am Wochenende darfst du wieder zu deinen Großeltern", meinte Julia zu ihrer Tochter. „Wir gehen wieder auf Besichtigungstour. Das ist für dich bestimmt zu anstrengend, wenn wir kreuz und quer durch die Stadt laufen."

Doch Eva entgegnete kurz und bündig, „Nein, Mama. Dieses Mal fahre ich mit. Michael hat gesagt, ich müsste dabei sein, dann wird alles gut."

Die Familie setzte alle Hoffnung auf das Wochenende. Es konnte nur noch besser kommen.

Endlich Samstag. Die Zeitung lag vor Hans auf dem Tisch und er studierte die Immobilienangebote. Es kamen einige infrage. Er machte telefonisch Termine aus. Sie packten noch ein paar Kleinigkeiten zum Knabbern und Trinken ein, und schon ging es los.

Heute war es nicht so lustig, wie beim ersten Mal.
Man merkte die Anspannung im Auto. Trotzdem
plapperte Eva munter drauf los, weil sie ein gutes
Gefühl hatte. Seit sie etwas mit den Engeln vertraut
war, hatte sie Ahnungen und Wahrnehmungen. Ein
neues Zuhause wartete auf ihre Familie. Da war sie
sicher. Die Fahrt ging zügig voran. Glücksstadt kam
in Sicht. Eva sang ein Kinderlied. Die Stimmung
wurde besser.

Ruckzuck hatten sie das Wohngebiet mit den
Siedlungshäusern erreicht. In dieser Gegend hatte
Hans gleich drei Einfamilienhäuser rausgesucht. Es
handelte sich durchwegs um ältere Leute, denen die
Arbeit in und am Häuschen zu viel wurde. Hier kannte
jeder jeden. Doch davor hatten sie keine Angst, weil
sie gesellig und hilfsbereit waren. Sie hätten bestimmt
bald Kontakt zu den Nachbarn.

Schon standen sie vor dem ersten ausgesuchten Haus.
Es gefiel ihnen schon vom Anblick nicht. Das
Grundstück und das Haus sahen düster und ungepflegt
aus. Sie wollten es sich trotzdem ansehen. Auf ihr
Läuten hin öffneten zwei ältere Leute. Man konnte
sehen, dass sie ihr Anwesen nicht mehr im Griff
hatten. Zwei Gehhilfen standen im Treppenhaus. Sie
taten ihnen leid, aber aus Güte konnten sie das Haus
nicht kaufen. Sie verabschiedeten sich schnell.

„Hoffentlich geht es so nicht weiter", meinte Hans. „Fahren wir schnell zum nächsten Objekt."

Auf dem Stadtplan sahen sie, dass dies ganz in der Nähe war. Innerhalb von zwei Minuten standen sie vor einem Haus mit Anbau. Dieser war komplett mit Efeu zugewachsen.

„Richtig gruselig", flüsterte Eva.

Ihre Eltern nickten. Auch dieses Haus kam nach kurzer Besichtigung nicht infrage. Jetzt hatten sie nur noch ein Objekt zum Anschauen. „Hoffentlich klappt es dies Mal", meinte Julia. „Langsam läuft uns die Zeit weg. Wir müssen unsere Wohnung verkaufen, wollen umziehen, und sollen das neue Häuschen noch einrichten. Hans, ich glaube, wir müssen unsere Engel auf die Suche schicken, und um Hilfe bitten."

„Jetzt lasst eure Köpfe nicht hängen. Immer optimistisch sein. Das schaffen wir schon. Mit frischem Mut und guter Hoffnung schauen wir uns das letzte Haus noch an. Danach gehen wir zu dem Italiener in die Stadt und essen eine Pizza. Na, ist das eine Einladung?"

Nach ein paar Minuten hatten sie das letzte Objekt erreicht. Von außen machte es keinen schlechten Eindruck. Die Hoffnungen stiegen. Sie läuteten. Ein Ehepaar Ende fünfzig öffnete, und ließ sie herein. Die

Besichtigung konnte beginnen. Im Gespräch stellte sich heraus, dass noch neue Fenster und eine neue Heizungsanlage eingebaut werden musste. Das waren natürlich nicht gerade ideale Voraussetzungen. Ein Einzug könnte nicht sofort erfolgen, außerdem kämen weitere enorme Kosten auf sie zu. Julia und Hans schauten sich an, und schüttelten mit dem Kopf. Sie verabschiedeten sich enttäuscht. Wieder nichts.

Die kurze Fahrt zum stadtnahen Parkplatz verlief schweigend. In der Pizzeria kam auch keine Unterhaltung auf.

„Ich muss mit meinem Michael mal ein ernstes Wort reden", meinte Eva. „Er soll sich anstrengen, und uns helfen. Ihr werdet schon sehen, es klappt noch. Ich habe euch doch gesagt, ich habe ein gutes Gefühl."

Hans und Julia schmunzelten. Eva hatte sich eine Salamipizza bestellt. Nach dem Essen kam die gute Laune wenigstens wieder etwas zum Vorschein. „Fahren wir noch mal in die Siedlung?", wollte Eva wissen.

Julia und Hans schauten sich an. So hatten sie ihre Kleine noch nie erlebt. Sie benahm sich und sprach wie eine Große. Seit sie von Engeln wusste, hatte sie sich sehr verändert. Sie war reifer für ihr Alter geworden, obwohl sie erst acht Jahre alt war, hatte manchmal Eingebungen oder Ahnungen, die auch eintrafen. Warum sollte man nicht darauf hören? Alle hätten ihren Vorteil davon. Eva war stiller und ruhiger geworden, aber sie blieb immer noch ihr kleiner Wirbelwind, der, wie andere Kinder, tobte und dummes Zeug machte.

Sie entschieden, nochmals einen Tour in die Siedlung zu machen. Ausruhen konnte man sich später immer noch. Hinzu kam, dass Eva dieses gute Gefühl hatte. Sie gingen zu Fuß in die kleine Ansiedelung, und wollten sich in aller Ruhe die Häuschen und Sträßchen anschauen. Der gute Eindruck wurde weiter verstärkt. Ihnen gefiel es hier sehr gut. Alles spielte sich in absoluter Ruhe ab. Ganz anders wie in der Stadt.

Plötzlich schwankte Eva leicht. „Mama, Papa, seht ihr auch dort den rosa Strahl, der vom Himmel in den Garten leuchtet?" Sie war blass geworden.

Irgendwas war passiert. Sprachen die Engel wieder mit ihr? Sie nahmen ihre Kleine an die Hand.

„Nein, wir sehen nichts. Zeig uns doch ganz genau, wohin der rosa Strahl führt", sprach Julia mit leiser Stimme.

Eva steuerte wie in Trance ein Grundstück an. Hierbei handelte es sich um einen leicht verwilderten Garten mit einem kleinen Häuschen darauf. Es sah aus wie im

Märchen. Es fehlte nur noch, dass eine Hexe mit ihrer Katze auf dem Buckel rauskommen würde. Efeu und Blumen rankten am Haus empor. Ein Schleichweg führte in einem leichten Bogen am Gebäude vorbei. Man konnte der Atmosphäre des Gartens gewahr werden, als wenn etwas in der Luft lag. Bestimmt tauchte gleich auch der verwunschene Prinz auf. Und das Beste war, das vor dem Anwesen ein Schild mit „Zu verkaufen" stand. Eine Telefonnummer war angegeben.

Julia fiel es wie Schuppen von den Augen, „Das kann nur das rosa Licht von Erzengel Jophiel sein. Bestimmt will er uns helfen. Das hast du ganz toll gesehen, Eva. Du bist schließlich auch unser kleiner Engel. Mit deiner und der Engelhilfe kommen wir ganz bestimmt ans Ziel. Hans, wir schauen uns das Haus und den Garten an. Dann rufen wir diese Nummer an." Sie war vor Freude kaum noch zu bremsen.

Sie nahmen sich Zeit, um das Haus und den Garten anzuschauen, fühlten sich gleich wie Zuhause. Alles war heimelig und gemütlich. Wenn das Gebäude auch im Inneren einen genauso freundlichen Eindruck machte, hatten sie ihr Traumhaus gefunden. Das Gelände drum herum machte einen leicht verwilderten Eindruck, hatte aber etwas ganz Besonderes. Die ungeschnittenen Bäume und Büsche würden ihnen einige Arbeit machen, aber es war wie im Märchenwald.

„Oh", meinte Eva plötzlich. „Schaut euch das einmal an, da ist ja auch noch ein kleiner Teich versteckt. Da ist ganz sicher ein Frosch drin, den ich dann küssen muss, um einen Prinzen zu bekommen."

Alle lachten. Sie waren sich einig, dies oder gar nichts. Hoffentlich stimmte der Preis. Es war bestimmt noch einige Arbeit nötig, aber das würden sie gern auf sich nehmen.

„Da rufe ich gleich an." Hans zog sein Handy aus der Tasche und wählte die angegebene Nummer. Nach kurzer Zeit meldete sich eine Stimme. „Hier spricht Albert Schmidt. Rufen Sie wegen des Hauses an?"

„Ja, Herr Schmidt. Wir stehen direkt davor."

„Das Haus gehört meinen Eltern, die in eine Seniorenresidenz gezogen sind. Ihnen war die Arbeit zu viel. Sie konnten das Anwesen nicht mehr bewältigen. Und Sie stehen direkt vor dem Grundstück? Wenn Sie wollen, bin ich in fünf Minuten bei Ihnen. Dann können Sie es besichtigen. Ich wohne gleich um die Ecke."

Hans stimmte zu. Sie waren aufgeregt.

Pünktlich erschien er nach fünf Minuten, und stellte sich als Albert Schmidt vor. Er machte einen sympathischen Eindruck, war ungefähr im gleichen Alter wie Julia und Hans, und lächelte. „Es freut mich, Sie kennenzulernen. Meinen Eltern gehört das Haus, aber ich habe alle Vollmachten. Sie können also mit mir verhandeln." Er lachte. „Aber so weit sind wir ja noch nicht. Ich zeige jetzt Ihnen das Märchenschloss."

„Seht ihr", musste Eva schmunzeln. „Genau, wie ich gesagt habe, ein Haus, wie im Märchen. Gibt es in dem Teich auch einen Frosch? Und Engel und Feen und verwunschene Sachen?" Sie war richtig aufgeregt.

„Du willst wohl den Frosch küssen, um einen Prinzen zu bekommen", lachte er. „Meine Freunde haben mich immer Ali gerufen, passend zum Haus, wie Ali Baba und seine 40 Räuber", spaßte er. „Wir waren zwar nicht so viele, aber in den Büschen und Höhlen im Garten konnten wir uns gut verstecken."

Das Eis war gebrochen. Man ging unbefangen miteinander um. Das war eine gute Voraussetzung. Schließlich kaufte oder verkaufte man nicht jeden Tag ein Haus.

Gleich im Eingangsbereich blieben sie stehen. Ein geschnitzter Rundbogen aus Kiefernholz eröffnete den Blick in den Gang.

„Tja, da staunen Sie", lachte Albert Schmidt. „Im Inneren dieses Häuschen werden Sie noch einige geschnitzte Elemente finden. Mein Vater war nämlich Schreiner. Meiner Mutter war es manchmal schon zu viel, aber als Rentner hatte er viel Zeit, um sich zu verwirklichen. Später war sie froh, wenn er sich damit beschäftigte. Da hatte er keine Langeweile mehr und blühte auf. Wenn Ihnen Holzarbeiten gefallen, sind Sie hier richtig. Das schafft eine gemütliche Atmosphäre. Er ist leider nicht mehr dazu gekommen, in unserem Haus solche Arbeiten auszuführen – die Hände machten einfach nicht mehr mit. Manchmal bedauere ich, dass wir das Haus verkaufen müssen, aber wir haben um die Ecke selber gebaut."

Sie gingen durch die Räume, es war wirklich sehr schön und gemütlich. Die Drei fühlten sich hier schon wie Zuhause. Durch das verzierte Küchenfenster konnte man direkt in den Garten schauen.

Julia war begeistert, „Hier passt unsere Einbauküche genau rein. Sie müssen wissen, unsere Küche hat fast das gleiche Holz, wie die Schnitzereien. Traumhaft. Am liebsten würde ich gleich einrichten."

„Wollen wir noch nach oben gehen? Dort sind die Kinderzimmer, und ein separates Bad", sagte Albert Schmidt.

„Da sind ja wirklich zwei Kinderzimmer", jubelte Eva. „Genau richtig für uns, wenn ich noch einen Bruder bekomme." Julia und Hans lächelten sich an. Die weitere Besichtigung verlief wirklich gut. Das Haus gefiel ihnen, entsprach ihren Ansprüchen. Hier würden sie sich wohlfühlen.

„Herr Schmidt, wie Sie bestimmt gemerkt haben, gefällt uns das Anwesen Ihrer Eltern. Über den Kaufpreis werden wir uns sicher einigen können. Wir brauchen natürlich noch Bedenkzeit, und müssen uns absprechen, ob es für uns infrage kommt. Dafür haben Sie bestimmt Verständnis. Es wäre schön, wenn Sie noch einen Bauplan oder Grundriss hätten, damit wir planen und einteilen können. Falls noch andere Interessenten kommen sollten, halten Sie das Haus bitte ein paar Tage für uns zurück. Aber ich glaube, wir brauchen keinen langen Aufschub", sagte Hans.

„Das mache ich doch gern. Ich glaube, wir sind uns sympathisch, und kommen ins Geschäft. Meine Eltern freuen sich bestimmt, wenn ihr Schlösschen in gute Hände kommt. Alles andere würde sie traurig machen. Wir müssen nur noch unsere Adressen austauschen, dann kopiere ich die Unterlagen, und schicke Ihnen diese umgehend zu", entgegnete Albert Schmidt. Man sah ihm an, dass er sie mochte.

Julia, Hans und Eva waren glücklich, dass sie dieses Haus gefunden hatten. Unbewusst waren sie zu ihrem

Auto gegangen. Ausruhen und Ideen im Wald sammeln war vergessen. Sie wollten nur noch nach Hause, um noch mal über das eben Erlebte zu sprechen. Die Großeltern mussten gleich informiert werden. Vielleicht konnte man den Tag mit einem gemütlichen Essen und mit einem Glas Sekt auf deren Terrasse ausklingen lassen.

Kurz bevor sie daheim ankamen, musste Eva laut lachen, „Ich habe euch doch gesagt, ich muss mitgehen. Die Engel haben mir das Zeichen für das Märchenschloss gegeben."

Kapitel 11 – Klappt doch

Wie versprochen kamen die Unterlagen von Herrn Schmidt. Sie stürzten sich sofort darauf, um alles noch einmal zu studieren. Es waren sogar Unterlagen über die Haustechnik und alle Leitungen dabei.

Julia kochte Kaffee, und brachte Eva Limonade. Die Pläne wurden auf dem Wohnzimmertisch ausgebreitet. Es fielen Wort wie schön, super, das gefällt mir. Erste Pläne wurden gemacht. Wenn jetzt noch der Preis stimmte, würden sie das Haus kaufen.

Hans rief umgehend Herrn Schmidt an, und bedankte sich für die Übersendung der Unterlagen. „Herr Schmidt, wir haben uns alles angesehen, und sind uns einig, dass wir das kleine Schlösschen kaufen wollen."

„Das freut mich aber. Ich habe mit meinen Eltern gesprochen, auch über den Preis. Da werden Sie sich bestimmt einig. Aber bevor sie ihr Haus hergeben, möchten sie Ihre kleine Familie kennenlernen."

„Nichts lieber als das, und das so möglichst schnell wie möglich. Wir können es gar nicht mehr abwarten."

„Würde es bei Ihnen in zwei Tagen gehen?"

„Sicher, wir nehmen uns gern die Zeit, damit wir mit Ihren Eltern Bekanntschaft schließen können."

Wie ausgemacht trafen Sie sich vor dem Haus.

Albert Schmidt schaute Julia an, „Für dich habe ich auch eine Überraschung."

Hinter seinem Rücken kamen Zöpfe zum Vorschein. „Das ist meine Tochter Maria. Ihr müsstet ungefähr gleichalt sein."

Die beiden Mädchen schauten sich an und strahlten, „Hallo" kam es von beiden.

„Ihr könnt euch auf dem Weg zu Oma und Opa beschnuppern. Maria, ihr könnt schon vorgehen, wir kommen langsam nach."

Die beiden Mädchen nahmen sich an die Hand und marschierten los.

„Wir gehen ins Seniorenheim zu meinen Eltern. Das ist gerade ein paar Minuten von hier zu Fuß. Sie sind auch schon ganz aufgeregt. Ich hätte Ihnen gern noch meine Frau vorgestellt, aber die konnte nicht mitkommen, weil unser Jüngster, der Christoph, noch schläft. Sie werden Sie schon noch kennenlernen, wenn Sie erst hier wohnen."

Im Seniorenheim klingelten sie, und augenblicklich wurde geöffnet. Maria sprang zu ihrem Opa, der sie gleich hochnahm, „Na, mein Goldstück, sieht man dich auch mal wieder?"

„Opa, es sind doch erst zwei Tage vergangen", gab sie entrüstet zurück.

In der Wohnung begrüßten sie sich gleich herzlich. Hans hatte extra einen schönen Blumenstrauß gekauft, und überreichte ihn Frau Schmidt.

„Oh, ein Kavalier der alten Schule", erstrahlte sie. „Aber kommen Sie doch bitte weiter. Ich habe einen Pflaumenkuchen gebacken."

Julia bat sich gleich an, „Kann ich Ihnen helfen, Frau Schmidt?"

„Nein danke. Wir brauchen nur noch auf die Terrasse zu gehen. Wir haben schon alles vorbereitet."

Nach dem Kaffee meinte Opa Schmidt, „Herr Hoffmann, wir gehen jetzt ins Wohnzimmer und besprechen die Details wegen des Hauses."

Sie wurden sich innerhalb kurzer Zeit einig, wobei sie sich auch mit dem Kaufpreis entgegenkamen.

Wieder auf der Terrasse meinte Eva zu dem alten Herrn, „Herr Schmidt, ist das ein Engel, den Sie da schnitzen?"

„Ja, gefällt er dir?"

„Meine Eltern haben mir schon viel über Engel erzählt und beigebracht. Einer von ihnen hat uns auch zu Ihrem Haus geführt."

„Was du nicht sagst. Dann schnitze ich ihn fertig, und ihr bekommt ihn als Schutzengel für euer Haus."

Eva strahlte, „Oh, Herr Schmidt, das wäre wunderbar. Vielen Dank."

Sie verabschiedeten sich, und versprachen, gut auf das kleine Schlösschen aufzupassen.

Mit dem jungen Herrn Schmidt wollten sie noch einmal kurz das Haus und den Garten anschauen.

Sie waren sich einig. Jetzt konnte der nächste Schritt folgen.

Zuhause angekommen, waren sie glücklich, wie alles abgelaufen war.

„Ich bringe nur schnell den Müll runter, dann setzen wir uns auf den Balkon, und trinken ein Gläschen", meinte Hans.

Er kam erst nach ungefähr fünfzehn Minuten wieder.
„Warst du auf dem Müllplatz, dass du so lange
gebraucht hast", schmunzelte Julia.

„Nein", gab er zurück. „Die Frau Johannsen von unten
hat mich angesprochen, und gefragt, ob wir ausziehen.
Ja, gab ich zurück. Es dauert auch nicht mehr lange.
Ihre Tochter suche schon seit einiger Zeit eine
Wohnung in der Nähe, aber das wäre schwierig. Sie
käme in letzter Zeit nicht mehr mit allem zurecht.
Deshalb wäre es gut, wenn sie hier wohnen würde.
Wir waren uns einig, dass ihre Tochter gern unsere
Wohnung anschauen, und wenn sie ihr gefällt, kaufen
kann. Seht ihr, so schnell geht alles. Wenn es klappt,
haben wir das Problem gelöst."

Kapitel 12 – Alles geht schnell

Die Zeit verging wie im Fluge. Sie konnten gar nicht fassen, was in so kurzer Zeit geschehen war. Wenn ihnen das jemand noch vor ein paar Tagen gesagt hätte, sie hätten es nicht geglaubt. Alles ging Schlag auf Schlag. Haus kaufen, Wohnung verkaufen, Umzug. Frau Fröhlich, die Tochter von Frau Johannsen, war auf sie zugekommen, und hatte ihre Wohnung besichtigt. Sie gefiel ihr recht gut, vor allem war sie im Haus ihrer Mutter. Und der Preis war auch ordentlich. Auch hier wurde man sich auch in kurzer Zeit einig. Hans war es wichtig, seinen Chef anzurufen, und ihm mitzuteilen, dass sie nach Glücksstadt ziehen würden. Diese Botschaft wurde mit Freude aufgenommen, und er meinte, Hans soll das Geschäft von Anfang an betreuen, mit seiner persönlichen Note als Geschäftsführer, sich mit seinem Geschäft identifizieren, und deshalb die Baumaßnahmen überwachen.

Es war noch viel zu tun. Sie kamen kaum zum Verschnaufen. Gute Vorbereitung ist wichtig, meinte Hans. Jeder bekam seine Aufgaben zugewiesen. Hierfür setzten sie sich morgens zusammen, und baten in einem kurzen Gebet ihre Engel um Hilfe. Der feste Glaube an deren Hilfe gab ihnen Energie und Kraft.

Eine beachtliche Liste mit zu erledigenden Arbeiten wurde erstellt. Die zeitliche Reihenfolge musste stimmen. Beim Notar hatten sie Glück, weil kurzfristig Termine für Haus- und Wohnungsverkauf frei waren. Die Engel hatten scheinbar ein Einsehen mit ihnen. Nach dem Notartermin konnte man erst mit den weiteren Ausführungen weitermachen. Hierzu gehörte, dass die Zimmer neu gestrichen wurden, einige Böden neu verlegt werden mussten. Dazu kamen ein paar technische Einrichtungen für Kabelfernsehen, Telefon und PC-Anschluss. Technisch waren die alten Leute noch nicht so weit gewesen. Aber hierbei konnten ihnen seine Kollegen helfen, da einige Techniker waren. Er war sicher, dass sie auch beim Tapezieren und den Malerarbeiten Hilfe bekommen würden. Hierüber wollte er mit seinem Chef reden. Eine Spedition musste beauftragt werden, die in der Kürze der Zeit bereit und in der Lage war, ihren Umzug vorzunehmen. Dies musste jetzt schnell organisiert werden. Aber sie waren guten Mutes. Hans bat Eva, in den „Gelbe Seiten" mit dem Finger auf eine Spedition zu tippen. Sie sollte vorher mit Michael darüber sprechen. Eva zeigte auf einen Namen. Hans rief dort an. Es klappte, weil gerade ein Kunde, abgesagt hätte. In der nächsten Stunde wollte jemand kommen, der sich ihren Haushalt ansah, um anschließend ein Angebot zu erstellen.

„Siehst du, Eva", meinte Hans lachend. „Man muss seine Engel nur ordentlich bitten, und schon klappt es." Sie lachten.

Kurze Zeit später klingelte es an der Wohnungstür, der Mann von der Spedition. Nach einer freundlichen Begrüßung meinte er, „Jetzt wollen wir uns mal etwas bei Ihnen umschauen." Lachend ging er ans Werk. Er nahm Zimmer für Zimmer mit dem dazugehörigen Mobiliar auf. „Alles nicht so schlimm", meinte er. „Das müssten wir sogar noch in unseren Tourenplan einschieben können. Wenn Sie schon Kartons zum Packen brauchen, schicke ich Ihnen welche. Ich schätze, vierzig Kartons müssten genügen. Den Kostenvoranschlag bringe ich Ihnen vorbei. Sie können natürlich noch eine andere Spedition konsultieren, um eine weitere Kalkulation einzuholen."

Das hatte Hans gar nicht erwartet, dass ihnen der Spediteur von sich aus diesen Vorschlag machte. Aber das sprach für ihn. Sie würden schon handelseinig werden, bei ihm hatten sie ein gutes Gefühl und fassten gleich Vertrauen.

Eine gute Stunde später kam er mit dem Kostenvoranschlag. Julia und Hans besahen sich das Angebot und fanden es in Ordnung. Sie gaben ihr Einverständnis, und unterschrieben.

„Wenn wir uns so schnell einig sind, kann ich Ihnen ja gleich mal vorab zwanzig Kartons herauf tragen."

Hans ging mit an das Fahrzeug, um ihm zu helfen. Als die beiden wieder oben waren, meinte er, „Jetzt kann es losgehen."

„Jetzt wird alles eingepackt, was nicht niet- und nagelfest ist", lachte Julia. Jetzt wurde es ernst. Alle Dinge, die nicht mehr benötigt wurden, sollten eingepackt werden. Hans brachte Eva zwei Kartons in ihr Zimmer und baute diese dort zusammen.
„Überlege dir vor dem Einpacken gut, was du in den nächsten zwei Wochen noch brauchst, und was nicht."

Gegen Mittag kam der Anruf seines Chefs, der ihm noch mal zu seiner Entscheidung gratulierte. Außerdem hatte er eine gute Nachricht für ihn. Fast alle Kollegen, mit denen Hans zusammenarbeitete, hatten ihr Kommen am Wochenende zugesagt. Die technischen Aufgaben, sowie Malen und Tapezieren würden sie so gut wie möglich erledigen. Nur die Materialien musste Hans besorgen. Es zahlte sich wieder einmal aus, ein gutes Betriebsklima zu haben. Es war schön, das viele seiner Kollegen ihm helfen wollten, obwohl er die Filiale verlassen würde. Er war sehr beliebt. Es machte ihn ein bisschen traurig, wenn er an sein Team dachte, das er bald verlassen würde. Mit deren Hilfe konnten sie erleichtert an die weitere Arbeit denken, und etwas gelassener an die

Ausführungen ihrer Aufgaben gehen. Ihm war ein Stein vom Herzen gefallen.

Hans rief noch mal Herrn Schmidt an, ob es mit dem Notartermin in zwei Tagen klappen würde. Dieser bejahte, und wollte wissen, ob er ihm noch mit irgendetwas helfen könne. Er mache dies gern, weil er das Haus seiner Eltern in guten Händen wüsste.

Julia, Hans und Eva waren eifrig am Packen. Mittags wollten sie über die Aufteilung der Räume zu sprechen. Es sollte schließlich jeder zufrieden sein. Über Tapeten und Farben mussten sie auch noch reden. Beim Einkaufen der Materialien wollten sie gut vorbereitet sein. Wenn bis zum Umzug nicht alles fertig war, wäre dies nicht so schlimm. Hauptsache, sie konnten einziehen. Hans Schwiegervater wollte beim Streichen und Tapezieren mithelfen. Es konnte also nichts mehr schief gehen.

Nach einem schnellen Mittagessen setzten sie sich ins Wohnzimmer, um über die Zimmereinteilung zu sprechen. Hans hatte für Julia und sich einen Espresso, für Eva einen Kakao zubereitet. Jetzt saßen sie über dem Grundriss. Das Erdgeschoss war schnell aufgeteilt, beim Wohnzimmer, der Küche, dem Bad und einem Arbeitszimmer für Hans gab es keine Debatten. Das kleine Zimmer stand noch zur freien Verfügung. Entweder als Raum für Julia oder Eva oder als Gästezimmer für die Großeltern. Eva wollte lieber im Obergeschoss ein Zimmer, damit sie einen schönen Blick auf den Garten hatte. Wenn alles so schnell weiterging, waren sie bald mit dem Planen fertig. Doch beim Obergeschoss fing die Debatte an. Hier waren vier Zimmer zu vergeben, wobei Eva sich schon das größte mit Blick auf den Garten ausgesucht hatte. Es war das Eckzimmer mit Erker, das ihr gut gefiel. In den Erker wollte sie den Korb mit Michael stellen, damit er von hier aus das Zimmer und den Garten schützen konnte. Nach einigem Hin und Her stimmten ihre Eltern schließlich zu.

Eva war glücklich und umarmte ihre Eltern. „Und was passiert mit den anderen Zimmern?", fragte sie.

„Neben dein Zimmer kommt unser Schlafzimmer. Den Raum daneben lassen wir noch offen. Und am Ende vom Gang werden wir ein Zimmer für alle einrichten, Fitnessgeräte, zweiter Fernseher, Lesezimmer oder was uns noch einfällt", meinte Julia.

„Was passiert denn nun mit Zimmer neben dem Schlafzimmer?", fragte Eva noch mal.

„Da müssen wir noch planen. Lass dich einfach überraschen", sagte ihre Mutter. Damit war die Besprechung beendet. Eva war glücklich, dass sie ihr Wunschzimmer erhalten hatte.

Am Nachmittag wollte Hans mit Julia und seinem Schwiegervater in den Baumarkt fahren, um Farben und Tapeten einzukaufen.

Sie fuhren zu den Großeltern. Hier wurde ein Wechsel vorgenommen. „Tausche Tochter gegen Großvater." Alle lachten schallend. Eva ging mit ihrer Großmutter in den Garten. Ihr Opa wurde dafür ins Auto befördert, weil er beim Einkaufen, und Aussuchen der Materialien helfen sollte.

Sie hatten ihre Engel um einen netten Verkäufer gebeten, und dass der Einkauf vorteilhaft verlaufen würde. Und tatsächlich, es trat genau wie gewünscht ein.

Er lachte, als er ihre Liste sah, „Da haben Sie aber einiges vor. Bestimmt wollen Sie ein Haus renovieren. Am besten wird es sein, Sie holen einen zweiten Einkaufswagen, damit Sie alles einladen können. Vor allem rate ich Ihnen, nehmen Sie von allem etwas mehr, damit Ihnen bei der Arbeit das Material nicht ausgeht. Das wäre nicht gut. Wenn aber davon noch etwas übrig ist, und die Rollen oder Farbeimer nicht angefangen sind, bringen Sie diese mit der Rechnung wieder her. Sie bekommen dann Ihr Geld dafür zurück."

Sie hatten mit dem Verkäufer Glück. Er war freundlich, hatte Ahnung von seiner Materie und war

zuvorkommend. Alles wie gewünscht. Nach einer
Weile hatten sie alles beisammen. Beide Wagen
waren voll. Kritisch besahen sie sich das Ausgesuchte.
Aber es war nichts Überflüssiges dabei. Sie sahen sich
an, aber mehr als ein vorsichtiges Lächeln kam nicht
zustande. Ihnen war nun doch etwas mulmig zumute.
Hoffentlich bekamen sie alles ins Auto. Mit
geschicktem Einpacken passte es hinein. Jetzt konnten
sie beruhigt nach Hause fahren.

Kapitel 13 – Unser Haus

Endlich war der Tag des Notartermins. Der Traum sollte heute wahr werden. Zur Feier des Tages hatten sie sich fein angezogen. Künftig würde sich Vieles grundlegend ändern. Hoffentlich alles zum Guten. Weil sie noch zu früh waren, mussten sie im Wartezimmer Platznehmen. Ein Zimmerbrunnen plätscherte vor sich hin, Bambuspflanzen standen im Raum. Die Zimmerfarbe war dezent, ansprechend. „Das ist schön hier. Da können wir uns noch was abgucken", meinte Julia.

Die Tür zur Wartezone ging auf, Albert Schmidt kam herein. „Na, sind Sie aufgeregt? Das macht man schließlich auch nicht alle Tage. Aber wir werden es schon hinbekommen", lachte er.

Kurz darauf wurden sie ins Zimmer des Notars gebeten. Da man sich über den Preis und die Modalitäten einig war, ging alles schnell über die Bühne. Von der Bank lag die Zusage über den Kaufpreis vor. Nachdem der Notar den Vertrag vorgelesen hatte, und alle unterschrieben hatten, strahlten sie.

„Und hier sind die Schlüssel für das Haus", sprach Albert Schmidt. „Jetzt übergebe ich Ihnen im Namen meiner Eltern die Schlüsselgewalt zu Ihrem Haus", dabei lachte er, und betonte das Wort „Ihrem Haus". „Sie haben anschließend ja noch einen Termin, sonst hätte ich auf Sie gewartet. Aber Sie können mich jederzeit anrufen. Ich helfe Ihnen gern in Ihrer neuen Bleibe. Es gibt bestimmt noch einiges zu besprechen, und Sachen, bei denen ich helfen kann. Schließlich kenne ich mich dort noch ganz gut aus", schmunzelte er, und verabschiedete sich.

Der Kaufvertrag mit Frau Fröhlich ging ebenfalls ruckzuck über die Bühne. Jetzt konnten sie beruhigt aufatmen, und sich wieder in die Arbeit stürzen.

Sie hatten nur noch bis Ende der Woche Zeit, möglichst viel zu erledigen, weil dann die zwei Wochen Sonderurlaub vorbei waren. Wie es dann weitergehen sollte, würde sich zeigen. Ein bisschen graute es ihnen schon. Falls die Zeit nicht reichte, wollte Hans noch eine Woche Urlaub dranhängen; dies würde sein Chef sicher genehmigen.

Zuerst musste Julias Vater in Beschlag genommen werden, aber das war für diesen gar keine Frage, er hatte seine Hilfe angeboten. Da könne er sich endlich noch mal richtig ins Zeug legen, und sein Versprechen einlösen. Maler- und Tapezierarbeiten wären seine Spezialität.

Sie gingen nach Hause. Mittags wollten sie dann zusammen mit zwei Autos, den Farben und Tapeten ins neue Häuschen fahren, damit alles vor Ort ist, und mit den Arbeiten begonnen werden konnte. Außerdem wollten sich Else und Horst das neue Domizil anschauen.

Nach einem schnellen Mittagessen wurde das Auto beladen. Für Eva blieb nur ein kleines Notplätzchen. „Ich glaube, wir werden bald ein größeres Auto brauchen", lachte Julia verschmitzt.

Eva wollte zu den Großeltern umsteigen, damit sie genug Platz hatte. Außerdem wollte sie mit ihren Großeltern reden. Ihr lag einiges auf dem Herzen. Sie würde sie vermissen, wenn sie umgezogen waren. Bis dahin wollte sie möglichst viel bei ihnen sein. Oma und Opa warteten bereits. Sie konnten es kaum noch abwarten, das Häuschen anzuschauen. Vor allem Opa Horst. Er wusste, dass bei der Renovierung viel Arbeit auf ihn zu kam. Darauf freute er sich. Für ihn war das wie ein Jungbrunnen.

Die Fahrt nach Glücksstadt war für alle aufregend. Julia und Hans waren neugierig, was die Eltern zu ihrem neuen Heim meinten. Diese waren erwartungsvoll, was die Kinder gekauft hatten. Wenn man den inneren Zustand von Eva sehen könnte, hüpfte diese von einem auf das andere Bein, so aufgeregt war sie. Fast pausenlos sprach sie auf die

Großeltern ein, was für ein schönes Haus sie gekauft hatten. Plötzlich hielt sie es vor lauter Zappeln nicht mehr aus, „Seht ihr auch den rosa Lichtstrahl?"

Else und Horst verneinten.

„Das ist der Erzengel Jophiel. Er hat mir mit seinem Licht genau gezeigt, wo wir das Haus finden. Und wir haben es gefunden", lachte Eva.

„Was du so alles siehst und spürst", meinte Oma Else. „Das ist ja richtig unheimlich. Und wie du damit umgehst. Da kann man von dir lernen."

Im Nu waren sie an ihrem Ziel angekommen.

Die Großeltern waren sprachlos, als sie das Anwesen sahen. Schon der Eingang zum Grundstück war eine Einladung. Das Gartentor war mit einem Bogen versehen, um den sich rote Rosen rankten. Einfach einladend und schön anzusehen. Dann fielen ihnen gleich die Hauswände mit den rankenden Gewächsen auf, wie in einem verwunschenen Palast. Dornröschen kam ihnen in den Sinn. Die gedrechselte Haustür lud zum Eintreten ein. So schön hatten sie es sich nicht vorgestellt. Und das Innere hatten sie noch nicht einmal gesehen. Opa Horst fand die Sprache zuerst wieder. „Kinder, das ist ja wirklich traumhaft. Da müssen wir gar nicht erst rein, um jetzt schon sagen zu können, das habt ihr richtig gemacht. Hier wird es

euch ganz bestimmt gut gehen. Ich hoffe, wir können
euch öfter mal besuchen. So was Heimeliges habe ich
schon lange nicht mehr gesehen. Stimmt`s Else? "

„Ja, Horst, du hast recht. Es ist einfach wunderbar
hier. Ich bin gespannt, wie es innen aussieht."

Julia und Hans schmunzelten. So begeistert hatten sie
die beiden Alten schon lange nicht mehr gesehen.
„Jetzt schauen wir erst mal, welcher Schlüssel passt",
meinte Hans, und hielt einen großen Schlüsselbund in
der Hand. „Hoffentlich müssen wir nicht alle
ausprobieren. Sonst haben wir eine Weile zu tun."

Der zweite Schlüssel passte, und sie standen im
Eingangsbereich. „Else, schau dir die wunderschönen
Türen und Schnitzereien an", schwärmte Horst.

„Ja, da staunt ihr. Der Vater von Herrn Schmidt war
Schreiner. Er hat alles liebevoll hergerichtet. Und
davon wollen wir so viel wie möglich erhalten",
entgegnete Hans.

„Das sieht man sofort. Wirklich alles handwerklich
wunderschön gestaltet", sagte Horst. Am liebsten
hätte er sich sofort in die Arbeit gestürzt. Aber sie
waren sich einig, es langsam angehen lassen. Für den
heutigen Tag war nur die Besichtigung geplant.

Als sie im ersten Stock ankamen, wurde Eva ganz
aufgeregt. Sie wollte den Großeltern unbedingt ihr

Zimmer zeigen, und hatte schon genaue Vorstellungen, wie es gestrichen werden sollte. „Ihr müsst nur dem rosa Licht nachgehen, dann wisst ihr, wo mein Zimmer ist", lachte Eva. „Und wenn dann das blaue Michaellicht unter der Tür vorstrahlt, habt ihr es gefunden", sagte Eva lächelnd. Eltern und Großeltern staunten. „Und da ist das Schlafzimmer von Mama und Papa. Daneben ist ein Zimmer frei. Vielleicht könnt ihr da schlafen, wenn ihr bei uns übernachtet", meinte Eva treuherzig.

Oma und Opa schmunzelten, „Das würde uns schon gefallen. Wenn wir euch besuchen kommen, und es mal später wird. Dann könnte ich beim Grillen mal ein Bierchen trinken, wenn wir bei euch übernachten. Da machen wir einmal bei euch Urlaub, und ihr einmal bei uns", lachte Opa. „Jetzt wollen wir uns noch den Märchengarten anschauen. Mal sehen, ob sich da deine Engel, Feen und Kobolde tummeln? Lassen wir uns überraschen."

„Oh, ist das herrlich. Die ganzen Büsche, und mittendrin ein Teich. Das ist ja wirklich wie im Märchen", rief Oma Else, und faltete ihre Hände. „Das ist ein Traum. Kind, hier kannst du dich wohlfühlen und austoben. Ein richtiges Paradies."

„Siehst du, Oma. Das haben wir alles den Engeln zu verdanken, die uns geholfen haben, dieses wunderschöne Haus zu finden. Hier werden wir bestimmt glücklich", antwortete Eva.

Auf dem Rückweg waren alle schweigsam. Was würde die Zukunft bringen? Hatten sie alles richtig gemacht?

Kapitel 14 – Jetzt geht`s los

Am nächsten Morgen ging es rund. Eva und Julia packten. Hans holte seinen Schwiegervater um neun Uhr ab, um ins neue Häuschen zu fahren, um dort die Malerarbeiten zu erledigen. Der Tag sollte voll ausgenutzt werden. Sie beabsichtigen, bis abends zu arbeiten. Er konnte den Weg schon fast mit geschlossenen Augen fahren. Dabei hatten sie das Haus erst vor ein paar Tagen besichtigt und gekauft. Sie fühlten sich schon wie Zuhause.

Bei ihrer Arbeit mussten sie darauf achten, dass teilweise noch Leitungen verlegt werden mussten. Aber dies war zum Glück nicht in allen Räumen der Fall. Sie konnten sich ordentlich ins Zeug legen. Horst wollte zeigen, dass er noch nicht zum alten Eisen gehörte. Sie hatten ein Radio mitgenommen. Leise Musik schallte durch die leeren Räume. Sie waren der Meinung, mit Musik geht alles besser. Ruckzuck ging es bei ihnen. Sie waren ein gutes Team. Zur Mittagszeit bremste Hans seinen Schwiegervater, „Komm Horst, wir machen Pause, und gehen in die Stadt. Dort lade ich dich zum Italiener ein."

Sein Schwiegervater war begeistert von dem guten Essen. Hans zeigte ihm auch noch „sein neues

Geschäft". Hier sahen sie kurz rein, um den dortigen Fortschritt anzuschauen. Auch hier ließ es sich gut an. Sie waren mit sich und der Welt zufrieden, konnten frisch gestärkt und gut gelaunt wieder an die Arbeit gehen. Bis zum Abend hatten sie die Zimmer im Erdgeschoss fertig. Sie waren richtig stolz auf sich. Auf dem Rückweg besprachen sie, was sie morgen machen müssten. Hans fuhr seinen Schwiegervater nach Hause. Dort wurden sie bereits zum Abendessen erwartet. Eva und Julia erzählten, wie weit sie gekommen waren, und was sie noch alles aussortiert hatten. Im Gegenzug erzählte Hans, wie weit die Arbeiten im Haus fortgeschritten waren. Todmüde fielen alle ins Bett.

So verging die Woche. Am Freitagnachmittag kamen einige Kollegen aus dem Geschäft, um elektrische Leitungen zu verlegen. Innerhalb von zwei Stunden war dies erledigt. Niemand hatte damit gerechnet, dass das so schnell gehen würde. Schon wurde noch der Rest tapeziert und gestrichen. Und siehe da, das Haus war am Abend fertig. Nun konnten sie, schneller wie gedacht, einziehen. Die Kollegen boten sich an, am Samstag ihre Küche in der alten Wohnung aus- und im Haus wieder einzubauen. Julia und Hans waren darüber glücklich. Julia hätte nicht gewusst, wie sie dies sonst so schnell bewältigen könnten, und hatte eine Bestellung an das Universum geschickt. Mit so einer prompten Reaktion und Erledigung hatte sie nicht gerechnet. Es klappte wie am Schnürchen. Der Umzug konnte kommen.

Eva wollte unbedingt wissen, wie so eine Bestellung funktioniert. Julia erklärte es ihr. Schon legte sie los. Am liebsten hätte sie sich gewünscht, dass ihre Sachen schon alle eingepackt, umgezogen und wieder ausgepackt wären. Sie musste schmunzeln, weil der erste Teil ihres Wunsches bereits erfüllt war. Aber das hatte sie selbst erledigt. Hier hatte das Universum noch nicht geholfen, aber bestimmt würde er alles andere erledigen. Mal abwarten.

Ihr Zimmer war schön gestrichen, die Wand, auf die sie vom Bett aus sehen würde, war hellrosa für den Erzengel Jophiel, der ihr Wissen und Freude bringen würde. Die Wand hinter ihrem Bett war in strahlendem Dunkelblau für Erzengel Michael gestrichen, der sie beschützen und bei ihrer weiteren Entwicklung unterstützen sollte. Die beiden anderen Wände waren in strahlendem Moosgrün für Erzengel Raphael gestrichen, der für ihre Gesundheit zuständig war. Die Farben hatte ihr Opa ausgesucht und zusammengestellt. Damit es nicht zu kunterbunt aussah, hatte er fließende Übergänge geschaffen. Er freute sich schon darauf, wenn Eva ihr Zimmer sah. Ihre strahlenden Augen würden der größte Lohn für ihn sein.

Samstagmorgen. Heute sollte das große Chaos starten. Sie hatten gerade gefrühstückt, als es an der Tür klingelte. Drei Kollegen von Hans hatten den ganzen Tag frei. Sie fuhren mit einem Sprinter vor. Die Werkzeugkiste wurde ausgepackt, und schon ging es los. Julia konnte gar nicht so schnell das Frühstücksgeschirr aufräumen. Sorgfältig gingen die Männer an die Arbeit. Julia war traurig und fröhlich zugleich, waren sie hier doch jahrelang glücklich gewesen. Und dies sollte jetzt zu Ende gehen. Aber sie freute sich schon auf ihr neues Reich. Ihre Küche stand dort mindestens ebenso gut wie hier. Sie hatten es vor dem Ausbau genau ausgemessen, bis auf einige Kleinigkeiten passte sie dort genau hinein, als wäre sie schon immer für dort bestimmt gewesen. Bis zum Mittag war der größte Teil ausgebaut. Hans hatte den Pizza-Service angerufen. Sie saßen gemütlich im Wohnzimmer und aßen. Die Arbeit hatte hungrig gemacht. Nach der Verschnaufpause ging es wieder frisch an die Arbeit. Es wurde viel gelacht und gescherzt. Sie waren gute Kollegen. Da war es selbstverständlich, dass man sich gegenseitig half, obwohl Hans bald in einer neuen Filiale arbeiten würde. Kurz darauf kamen die restlichen Kollegen, um Hand anzulegen. Der Sprinter war schon voll, und konnte ins neue Heim gefahren werden. Julia fuhr mit, um dort Anweisungen für den Einbau zu geben. Zwischenzeitlich wurde der Rest ausgebaut. Im neuen Haus wurde der Einbau vorgenommen. Die Möbel

passten ziemlich genau. Sie hatte vorher auch
Erzengel Uriel gebeten, dass er eventuelle
Schwierigkeiten beseitigen sollte. In diesem
Augenblick leuchtete die Küche in einem strahlenden
Rubinrot. Die Sonne schien passend mit ihrem Licht.
Der Einbau ging reibungslos, und schneller als
gedacht. Die restliche Küche war bis zum Abend
eingebaut. Das schwierigste Kapitel des Umzugs war
erledigt. Julia und Hans bedankten sich bei den
Kollegen, und luden sie zur Einweihungsparty ein,
sobald alles eingerichtet ist.

Abends fielen sie erschöpft in die Federn.

Sonntagmorgen duschten sie kurz, und gingen dann zu
den Großeltern zum Frühstück. Die Küche war ja
ausgebaut, und sie hatten nur noch das notwendigste
Geschirr zur Verfügung. Die verbleibenden Tage
konnten sie ihre Mahlzeiten bei Else und Horst zu sich
nehmen. Der Weg war ja zum Glück nicht weit.

Die Großeltern freuten sich schon auf die Kinder. Wer
weiß, wann sie wieder so gemütlich zusammensitzen
würden. Opa Horst hatte Sonntagsbrötchen geholt,
Oma Else bereitete gerade die Frühstückseier. Der
frisch gepresste Saft stand schon auf dem Tisch, der
Kaffee lief durch. Das war ein Frühstück wie im
Hotel, und das Wetter spielte auch mit. Was wollten
sie mehr.

In der Wohnung war nicht mehr viel zu machen, weil Eva und Julia fleißig gepackt hatten. Eva durfte Bettwäsche und Handtücher einpacken. Ordentlich, wie bei der Bundeswehr hatte Julia gemeint.

„Eva", meinte Oma. „Wie wäre es, wenn du noch mal bei uns schlafen würdest? Wir haben es doch viel gemütlicher wie ihr Zuhause."

Diese war sofort Feuer und Flamme, „Oh ja, Oma. Das wäre prima. Müssen wir doch noch mal ausnutzen", sagte sie wie eine Große. Alle lachten.

Die Großeltern wollten ihre Enkelin noch mal verwöhnen.

Nach dem Frühstück gingen Julia und Hans nach Hause. Sie wollten die letzten Arbeiten erledigen. Es sollte alles für den Umzug am Dienstag fertig sein. Hans hatte vom Geschäft aus noch eine weitere Woche Urlaub genehmigt bekommen.

Nachdem die Eltern gegangen waren, fing das Verwöhnprogramm an. Oma Else nahm Eva an die Hand, dann ging es einkaufen. Das Einkaufszentrum hatte geöffnet, weil heute verkaufsoffener Sonntag war. Die Kleine durfte sich aussuchen, was Oma zum Mittag kochen sollte. Dazu wurden noch Obst und ein paar andere Kleinigkeiten eingekauft. Im Laden gab es auch eine Abteilung mit Büchern und Zeitschriften.

Hier fanden sie ein wunderschönes Engelbuch mit vielen Bildern.

„Das kaufe ich dir zur Feier des Tages", meinte sie lachend. „Wann du nach dem Umzug wieder bei uns schläfst, werden wir dann sehen. Hoffentlich willst du dann überhaupt noch zu uns kommen, wenn ihr so ein schönes Haus habt."

„Ach, Oma. Ich komme immer zu euch. Ich habe euch doch so lieb", entgegnete Eva. Oma strahlte.

„Das freut mich. Dein Opa ist auch immer glücklich, wenn du da bist. So, jetzt haben wir alles, was wir brauchen, und gehen nach Hause."

„Ich habe meinen Badeanzug mitgebracht. Da kann ich bei dem schönen Wetter noch mal planschen."

Eva war begeistert, dass sie den Tag bei den Großeltern verbringen durfte. Sie half ihrem Opa im Garten. Er harkte die Beete, sammelte Blätter, und goss die Blumen. Eva war glücklich.

„Siehst du, Eva. Welche Arbeiten im Garten alles anfallen. Das kannst du bei euch auch bald machen. Das ist schon was anderes, wie in einer Wohnung. Viel mehr Arbeit, aber es macht auch Spaß. Du warst wirklich fleißig, jetzt machen wir eine Pause und trinken eine Limonade auf der Veranda."

Kurz darauf brachte Oma Else das Mittagessen, Pfannkuchen mit frischen Erdbeeren und Sahne, als Nachtisch Schokoladenpudding.

„Ach, Oma. Das war ja so lecker. Wie im Paradies", meinte Eva.

„Das freut mich, dass es dir geschmeckt hat. Ich verwöhne dich gern", lachte sie. „Aber jetzt ist es Zeit, dass du noch ein kleines Mittagsschläfchen machst. Sollst doch groß und stark werden."

Nach dem Nickerchen war Eva ausgeruht und guter Laune. Die Sonne schien herrlich. Badezeit war angesagt. Ruckzuck hatte sie den Badeanzug an, ihr Spielzeug im Swimmingpool, und sprang in das warme Wasser. Sie tobte und spritzte. Es war ein Vergnügen, ihr zuzusehen. Sie fühlte sich rundherum wohl.

Nach dem Kaffee spielten sie noch Mensch-ärgere-dich-nicht. Es ging hoch her. Gelächter schallte durch den Garten. Eva gewann Spiel um Spiel. Sie wurde fast nie rausgeworfen. Sie meinte, „Vor dem Spiel habe ich meinen Schutzengel gebeten, dass er auch auf meine Spielsteine aufpasst. Das scheint zu klappen."

Ihre Großeltern konnten sich ein Lachen nicht verkneifen.

So vergingen der Nachmittag und der Abend wie im Flug. Oma Else brachte sie ins Bett. Darauf hatte Eva schon gewartet, weil sie dann noch ein wenig kuscheln, und Oma ihr Geschichten erzählen wollte. Eva war neugierig auf Engelgeschichten. Else ließ sich nicht lange bitten, und erzählte eine Geschichte nach der anderen. Eva fielen die Augen zu und schlief selig ein. Am nächsten Morgen war sie schon früh wach und sprang die Treppe zum Schlafzimmer der Großeltern herunter. Dort klopfte sie an die Tür.

„Herein", schallte es heraus.

„Denkt mal, was ich geträumt habe", sprudelte es aus ihr hervor.

„Bei uns heißt es erst mal guten Morgen", meinte Opa Horst.

„Guten Morgen", kam es etwas leiser zurück. „Ich bin aber so aufgeregt. Was ich geträumt habe, war einfach wundervoll. Das ganze Zimmer war in buntes Licht eingehüllt. Alle Engel waren da, und sprachen mit mir, das war so schön", erzählte Eva. Sie war noch durcheinander.

„Siehst du, die Engel meinen es gut mit dir. Es kann nichts mehr schief gehen. Du wirst eine schöne Zeit erleben. Vielleicht werden deine Wünsche und

Träume jetzt von ihnen bearbeitet. Wer weiß?", schmunzelte Oma Else.

„Das muss ich Mama und Papa sobald wie möglich erzählen", freute Eva sich.

Kapitel 15 – Der Umzug

Dienstag. Umzugstag. Der Wecker klingelte um sechs Uhr. Familie Hoffmann sprang aus dem Bett. So nervös waren sie schon lange nicht mehr. Nach der guten Vorbereitung durfte nichts mehr schiefgehen. Hunger hatten sie nicht, zwangen sich aber, ein kleines Frühstück zu sich zu nehmen. Schließlich mussten sie den Tag gut gestärkt beginnen. Packen, laufen, auspacken. Dies würde heute den Tag bestimmen. Kurz vor acht Uhr kamen fast zeitgleich die Großeltern und die Leute von der Spedition. Es ging gut los. Das Weitere würde sich ergeben. Ihre Engel waren die besten Helfer. Sie konnten zwar nicht mit anpacken, aber schauen, dass alles gut ging. Julia hatte im Stillen mehrfach eine Affirmation zum guten Gelingen gesprochen: „Der Umzug klappt ruckzuck, reibungslos und ohne Probleme." Jetzt konnte nichts mehr passieren. Sie lächelte.

In der Wohnung wuselte fast eine komplette Fußballmannschaft. Die Familie mit drei Personen, die Großeltern und vier Mann von der Spedition. Der Vorarbeiter sah sich um, in welcher Reihenfolge die Arbeiten zu erledigen waren. Als er in die Küche kam, meinte er, „Super, Sie haben die Küche schon ausgebaut. Darüber hatte ich mir die meisten

Gedanken gemacht. Jetzt ist alles halb so schlimm. Dadurch brauchen wir weniger Zeit. Da können Sie heute Abend wieder in Ihrem Bett schlafen."

Schon ging es rund, die gepackten Kartons wurden von zwei Arbeitern in den Umzugswagen getragen. Hans und Horst halfen dabei. Sie waren schon nach kurzer Zeit schweißüberströmt. Sie wohnten im zweiten Stock ohne Aufzug. Die Frauen trugen leichte Sachen. Die anderen beiden Helfer hatten die Akku-Schrauber ausgepackt, und zerlegten die Möbel, damit diese eingeladen werden konnten. Innerhalb von drei Stunden war alles erledigt. Als die Wohnung leer war, nahm Julia noch Besen und Schaufel, um die Staubflocken zusammenzukehren. Julia, Hans und Eva gingen noch einmal durch die Wohnung. Ihnen standen Tränen in den Augen, schließlich hatten sie hier eine glückliche Zeit. Sie waren traurig und fröhlich zugleich, waren gespannt auf die Zukunft. Sie schlossen die Wohnungstür ab, und gaben Frau Johannsen den Schlüssel für ihre Tochter.

Gegen Mittag waren sie mit dem Umzugswagen und zwei Autos in Glückstadt. Endlich. Alles war aufregend. Eva konnte schon im Auto nicht mehr still sitzen. Hans hatte für die ganze Mannschaft belegte Brötchen bei einem Metzger in der Nähe bestellt, die gleich nach ihrer Ankunft geliefert wurden. Sie stellten Sitzgelegenheiten hin, dazu noch den

Campingtisch vom Balkon. Dann wurde getafelt, wie Eva meinte.

Nach der Pause ging Eva auf Entdeckungstour. Sie hatte bisher noch nicht gesehen, wie alles renoviert und gestrichen war. Die Spannung stieg, als sie in die erste Etage ging, um ihr Zimmer zu besichtigen. Sie machte die Zimmertür auf, und blieb wie angewurzelt stehen. Ihr kamen vor Freude die Tränen, sah sie doch gleich die wunderschönen Farben. Sie war überwältigt, konnte sich gar nicht sattsehen. Sie lief die Treppe runter, um mit ihrem Papa zu sprechen, „Hast du die schönen Farben ausgesucht, und mein Zimmer angemalt?"

„Nein", lachte er. „Da musst du zu deinem Opa gehen. Das hat er ganz allein gemacht."

„Opa, wie bist du auf diese Farben gekommen? Wer hat dir das verraten, dass ich mir Engelfarben wünsche? Ich hatte dies doch nur mit Mama und Papa besprochen."

„Ach Kind, ich habe mich bei deinen Eltern informiert, welche Engel dir immer erscheinen, und welche du besonders liebst. Dann wurde meine Hand von ganz allein geführt", lachte er.

„Opa, ich bin dir so dankbar. Ich weiß gar nicht, was ich sagen soll. Ich bin so glücklich. Vielen Dank. Jetzt bin ich noch viel lieber in meinem Zimmer. Da kann mir nichts mehr passieren, und habe für alles gleich eine Lösung durch die Engel."

Hans hatte auf dem PC einen Plan mit den einzelnen Zimmern gemacht. Diesen hatte er in den Eingangsbereich gehängt. So konnten die Möbelpacker ohne viel Fragen aktiv sein. So etwas hatte der Vorarbeiter bisher noch nicht gesehen. Das war eine wirklich gute Vorbereitung.

Und schon ging es los mit den ersten Möbeln – Eva wollte aufpassen, dass ihre auch ja in ihr Zimmer und an die richtige Stelle kamen. Es sollte ihr und den Engeln auch gefallen. Dafür würde sie schon sorgen. Sie würde ihre Mutter noch fragen, ob sie ihr nicht einen bunten schönen Tüllvorhang nähte, damit die Engel federleicht in ihr Zimmer kommen konnten.

Die ersten Möbel waren tatsächlich für Evas Zimmer. Die Möbelpacker hatten extra das Kinderzimmer zuletzt eingepackt, damit es als Erstes wieder ausgepackt werden konnte. Somit war der Sprössling lange beschäftigt, und friedlich, wie sie meinten. Aber Eva war auch so ein verträgliches Mädchen. Sie freute sich natürlich, dass ihre Sachen zuerst dran kamen. Dann konnte sie anfangen, ihr Zimmer einzurichten. Nach Bett und Schrank kamen das Tischchen mit den Stühlen und die dazu passende Truhe. Bei jedem Möbelstück wies sie mit ernster Miene die

Möbelpacker an, wohin sie es zu stellen hatten. Diese schmunzelten. So eine kleine Person gab ihnen Befehle wie eine Große. Das hatten sie auch noch nicht erlebt. Aber es machte allen riesig Spaß, weil es trotz der schweren Arbeit lustig zuging. Ruckzuck standen die Möbel. Eva konnte gar nicht abwarten, bis die Umzugskartons endlich ausgeladen wurden. Sie wollte ganz schnell fertig werden, und sich im neuen Heim wohlfühlen. Als sie merkte, dass es doch nicht so schnell ging, machte sie ihren Rundgang durchs Haus, und wollte überall mithelfen. Kleinigkeiten durfte sie ausladen und tragen. Darauf war sie stolz. Zwei Möbelpacker trugen die zerlegten Möbel, die beiden anderen bauten sie zusammen. Hans und sein Schwiegervater machten sich an die kleineren Möbel. Es summte und brummte wie in einem Bienenhaus. Langsam nahm alles Form und Gestalt an.

Fünfzehn Uhr, die beiden Frauen hatten Kaffee gekocht. Dieser wurde gern angenommen. Dazu gab es noch Kleinigkeiten zum Knappern. Nach der Pause lief es gleich wieder besser. Alles fand seinen Platz. Es wurde wohnlich. Gegen Abend standen alle Möbel auf ihrem Platz. Die Kartons waren in die entsprechenden Zimmer getragen worden. Die Möbelpacker sammelten ihr Handwerkszeug ein, um sich dann zu verabschieden. Julia und Hans bedankten sich ganz herzlich und gaben dem Vorarbeiter einen Umschlag mit Trinkgeld. Die Arbeiter bedankten sich.

Jetzt waren sie in ihrem Haus, in ihrer neuen Umgebung. Die Großeltern verabschiedeten sich bald, damit die Drei allein waren, und sich besinnen konnten.

Sie sahen sich an, und machten gemeinsam einen Rundgang durch das Haus. Anschließend setzten sie sich noch auf die Terrasse, um den Tag Revue passieren lassen. Dies geschah ziemlich wortlos. Julia holte etwas zum Trinken. Langsam tauten sie auf, ein angeregtes Gespräch kam in Gang. Eva plapperte vor sich hin, wie glücklich sie war. Ihr Michael hatte auch seinen Platz. Ihm hatte sie ihr Zimmer gezeigt, und den herrlichen Ausblick auf den Garten. Den wollte sie morgen erkunden. Heute war sie zu müde.

Julia sah ihr Töchterchen an, „So, Eva, jetzt sind wir Zuhause. Ich glaube, hier werden wir glücklich. Wenn du jetzt ins Bett gehst, achte auf deine Träume. Man sagt, wenn man in eine neue Wohnung oder Haus einzieht, soll man auf seinen Traum in der ersten Nacht achten. Er gibt Einblick in die Zukunft und weist dir den Weg."

Eva wollte sich dies zu Herzen nehmen. Schließlich wollte auch sie wissen, wie es weiterging mit den Großeltern, der Schule mitsamt neuen Freunden, und nicht zu vergessen, wie es ihrem Papa auf seiner neuen Arbeitsstelle gehen würde. Sie hatte noch viele Gedanken. Im Bett wollte sie noch mit ihren Engeln sprechen, und um eine neue schöne Zukunft bitten. Aber der Schlaf kam ziemlich rasch. Sie war einfach müde, der Tag war anstrengend und aufregend gewesen.

Kapitel 16 – Angekommen

Der nächste Morgen kam schneller, wie sie sich gewünscht hatten. Sie waren noch erschöpft vom vergangenen Tag. Trotzdem war Hans schon auf. Er hatte frische Brötchen geholt und war mit dem Fahrrad durch die Siedlung gefahren, um nach Geschäften, wie Bäckerei, Metzgerei und Supermarkt Ausschau zu halten. So hatte er auch die kleine Bäckerei in der Nähe gefunden. Dort kam er gleich mit den Leuten ins Gespräch, die freundlich und offen waren.

Heute musste er in seinem Geschäft vorbeischauen, um dort nach dem Rechten zu sehen. Das durfte er nicht außer Acht lassen. Er freute sich auf seine neue Arbeit. Wenn alles weiter so gut klappen würde, hätten sie das absolute Glückslos gezogen.

Julia hatte schon auf der Terrasse den Tisch fürs Frühstück gedeckt. Es war für sie etwas Neues, im Freien, in der Natur zu essen. Die Vögel zwitscherten um die Wette. Es hörte sich fast so an, als wollten sie sich untereinander über die neuen Menschen verständigen, die in ihrem Revier waren. Richtig friedlich, wie im Urlaub. Von daher hatte sich der Umzug schon gelohnt.

Heute wollten sie möglichst viele Kartons auspacken, damit man endlich wieder das fand, was man suchte. Eva durfte außer in ihrem Zimmer auch bei der Wäsche helfen. Dies hatte sie beim Einpacken ganz toll gemacht. Das trauten die Eltern ihr auch beim Einräumen wieder zu. Darauf war sie sehr stolz.

Hans war gerade zu seiner neuen Arbeitsstelle gefahren, als es an der Haustür klingelte. Wer konnte das sein? Hier kannte sie doch noch niemand.

Julia öffnete die Tür, „Ja bitte?"

Vor ihr stand ein Mädchen in Evas Alter. „Hallo", meinte diese. „Ich bin Maria Schmidt."

„Das freut mich. Jetzt erkenne ich dich. Wir waren zusammen bei deinen Großeltern", dabei lachte sie. „Eva komme doch mal herunter. Du hast Besuch."

Evas Stimme kam von oben herunter, „Ich habe Besuch? Wer ist es denn?" Dann schaute ihr blonder Schopf über das Geländer, „Oh, hallo, Maria! Das ist aber schön, dass du uns besuchen kommst. Wenn ich später Zeit habe, können wir gern spielen."

„Ja gern", meinte Maria. „Meine Eltern haben mich hergeschickt. Ich soll fragen, ob sie was helfen können. Sie kommen dann gern vorbei."

„Das ist aber nett von deinen Eltern", freute sich Julia. „Im Moment ist das nicht nötig. Trotzdem vielen Dank. Aber ich hoffe, dass wir deine Mutter und dein Brüderchen bald kennenlernen. Wenn du nachher Heim gehst, sage vielen Dank. Gehe nur mit Eva nach oben. Da kannst du ihr Zimmer anschauen. Sie kann mir später helfen."

Die beiden Mädchen sprangen die Treppe hoch. „Du hast aber ein schönes Zimmer. Und da ist dein Körbchen mit deinem Engel! Oh, der hat aber einen herrlichen Platz", sagte Maria. „Und das schönste und größte Zimmer hier oben hast du. Wie hast du das denn hingekriegt?", kicherte sie. „Einfach super. Da kannst du auch auf den Garten schauen. Hast du dir den schon angesehen? Sonst zeige ich ihn dir. Ich kenne mich hier schließlich noch gut aus." Maria war total begeistert und aufgeregt.

Die beiden Mädchen gingen schwatzend die Treppe herunter. Unten fragte Eva, „Mama, kann ich mit Maria in den Garten gehen? Sie will mir dort einiges zeigen."

„Natürlich könnt ihr in den Garten gehen. Hier brauchst dich nicht abmelden wie in der Wohnung. Wir wissen dann, dass du im Garten bist. Nur wenn du weggehst, sagst du Bescheid. Hat sich alles ein bisschen geändert."

Wie die besten Freundinnen nahmen sie sich an der Hand. Da würde bestimmt eine tiefe Freundschaft entstehen. Sie gingen hinter die Büsche, auf direktem Weg zum kleinen Teich. „Das ist mein liebster Platz im Garten. Hier kannst du alle Tiere sehen, Vögel, Mäuse, Schmetterlinge und Libellen. Das ist richtig verwunschen. Wenn du dich da hinsetzt, wirst du bald in einer anderen Welt sein. Hier habe ich meine Wünsche abgegeben und meine Engel gesehen. Wenn du mit dem Zauberteich Freundschaft geschlossen hast, kannst du ganz tolle Sachen erleben. Wirst schon sehen", sprach Maria mit großem Ernst.

Sie glaubte auch an solche Sachen, dachte Eva. „Das ist ja wirklich toll, was du mir da alles erzählst. Du glaubst auch an Engel? Ich auch. Meine Eltern und meine Oma haben mir viel darüber erzählt", entgegnete sie.

Maria meinte, „Wenn ihr alles aufgeräumt habt, und du mehr Zeit hast, reden wir darüber. Dann können wir uns austauschen", kicherte sie. „Wir werden bestimmt Freundinnen. Hoffentlich kommen wir in die gleiche Schulklasse. Das wäre einfach super."

Nachdem sie Eva kreuz und quer durch den Garten geführt, und ihre weiteren Lieblingsplätze gezeigt hatte, verabschiedete sie sich. Julia war begeistert von Maria, „Wenn du Lust und Zeit hast, kannst du gern wiederkommen. Sage bitte viele Grüße an deine Eltern."

Nach einiger Zeit kam Hans aus dem Geschäft. Er hatte sich alles angeschaut, und ein wenig mit angepackt. Der Zeitplan wurde bisher eingehalten. Die Umbaumaßnahmen gingen dem Ende zu. Hier und da hatte er kleine Änderungen veranlasst. Im Großen und Ganzen klappte alles. Wenn es so schnell weiter gehen würde, könnte er nächste Woche seine ersten Einstellungsgespräche führen. Ein Mann aus der Zentrale sollte ihm dann zur Seite stehen, weil er so was noch nie gemacht hatte. Aber als Filialleiter fiel das dann in seinen Aufgabenbereich. Ein wenig stolz war er schon auf seine neue Tätigkeit.

Nachdem er dies seinen Lieben berichtet hatte, ging es wieder an die häusliche Arbeit, Kartons aus-, Schränke einräumen und alles Mögliche hin- und umstellen. Bis zum Abend wollten sie fertig sein. Dann wollten sie ihr Leben im Häuschen genießen. Eine Einweihungsparty sollte für alle fleißigen Helfer am Wochenende stattfinden. Familie Schmidt würden sie auch einladen. Tatsächlich hatten sie bald die Kartons ausgeräumt. Bis auf einige Kleinigkeiten war alles erledigt. Sie waren stolz auf sich.

Am Nachmittag ging Eva noch mal in den Garten. Sie wollte sich den verwunschenen Teich anschauen, und sehen, ob bei ihr auch so Sachen wie bei Maria passieren. Sie setzte sich gemütlich hin, lehnte sich mit dem Rücken an einen kleinen Baum. Die Sonne schien warm vom Himmel herunter. Libellen, Insekten und Schmetterlinge summten und brummten um sie herum, als wenn diese Eva betrachten wollten. Dieses Gemurmel der Tiere und die wärmenden Strahlen der Sonne machten sie müde. War es Schlaf oder Inspiration, was sie überkam. Sie wusste und merkte es nicht. Der Traum oder die Botschaft überkam sie plötzlich. Nach einer Weile wachte sie auf und streckte sich. Ein angenehmes Gefühl hatte sie überkommen, welches langsam von ihr wich. Eva musste ihren Eltern unbedingt ihrer Vision erzählen. Langsam ging sie zum Haus zurück. Julia und Hans machten gerade mit einer Tasse Kaffee auf der Terrasse Pause.

„Na Eva, du siehst richtig verschlafen aus. Hast du dich im Garten ausgeruht?", lächelte Julia.

„Nein, Mama. Ich bin am Teich gesessen, und hatte plötzlich einen schönen Traum. Das muss ich unbedingt erzählen", entgegnete sie.

„Na, dann schieß mal los. Wir sind gespannt, was du uns zu erzählen hast", sagte Hans.

„Ich hoffe, ich bekomme noch alles zusammen." Ihr war anzusehen, dass sie etwas beschäftigte.

„Ich bin am Teich gesessen. Die Sonne war so schön warm, da bin ich wohl eingeschlafen, und hatte folgenden Traum: Ich habe uns am Teich gesehen, Mama, Papa, mich und einen kleinen Jungen an Mamas Hand. Daneben saß eine kleine Katze. Wir waren zu viert, und nicht zu dritt. Das fand ich seltsam. Und eine Katze habe ich mir schon immer gewünscht. Könnt ihr mir das erklären?"

Julia und Hans sahen sich an und schmunzelten. „Das mit der Katze erkläre ich dir", lachte Hans. „Du wolltest doch in der Wohnung schon immer ein Haustier haben. Da haben wir überlegt, was denn infrage kommt. Entweder Hund oder Katze. Eine Katze ist einfacher zu halten, weil wir doch jetzt den schönen Garten haben. Mit einem Hund muss man bei Wind und Wetter Gassi gehen. Das ist nicht so gut. Eine Katze kann hier freier leben, und allein im Garten rumstrolchen. Aber wie du nur auf solche Sachen kommst, ist geradezu unheimlich. Man kann sich nur über deine Wahrnehmungen wundern."

„Ist das wirklich wahr? Ich bekomme eine Katze? Wann holen wir sie?" Eva war ganz aufgeregt.

„Wenn wir hier alles fertig haben, vielleicht nächste oder übernächste Woche. Dann gehen wir zusammen ins Tierheim und suchen eine aus. Ganz bestimmt", lachte Hans, als er die Freude seiner kleinen Eva sah.

„Da freue ich mich jetzt schon drauf. Ich kann es gar nicht abwarten", entgegnete sie. „Und was ist mit dem kleinen Jungen? Wo bekommen wir den her?"

Julia und Hans lachten herzhaft. „Für diesen Teil bin ich zuständig", antwortete Julia. „Du hast doch gemerkt, dass wir das Zimmer neben unserem Schlafzimmer blau gestrichen haben. Und für einen Jungen brauchen wir ein blaues Zimmer. Ich bin schwanger. In ein paar Monaten sind wir dann zu viert. Das wollten wir dir auch erst hier erzählen. Aber deine innere Stimme ist wirklich erstaunlich, wie du dass alles merkst. Jetzt weißt du den Rest von deinem Traum. Bist du jetzt zufrieden?"

Eva war ganz aufgeregt, „Du bist schwanger? Davon habe ich gar nichts bemerkt. Und woher weißt du, dass es ein Junge wird?"

„Der Frauenarzt hat ein Ultraschallgerät. Auf dem Bild konnte man deutlich erkennen, dass es ein Junge wird."

„Ein Michael", strahlte Eva.

„Ja, ein Michael", lachten Julia und Hans. „Dann habe ich einen lebenden Engel", entgegnete Eva glücklich.

Ihre Träume wurden wahr. Sie waren angekommen.